Trainingsplanung & -steuerung

im Ausdauersport

Trainingsplanung & -steuerung im Ausdauersport

Block- & klassische Periodisierung als alternative Planungsmodelle ?!

Stefan Schurr

Bibliografische Information der Deutschen Nationalbibliothek:
Die Deutsche Nationalbibliothek verzeichnet diese Publikation in der Deutschen Nationalbibliografie; detaillierte bibliografische Daten sind im Internet über www.dnb.de abrufbar.

Aus Gründen der besseren Übersicht erfolgt im Text keine explizite Differenzierung zwischen der weiblichen und männlichen Form.

Herstellung und Verlag:

Books on Demand GmbH, Norderstedt

ISBN-13: 978-3-7357-9041-5

Inhalt

Einleitung....9

Grundlagen sportlichen Trainings 13

Training & Trainingsanpassungen....13

Trainingsprinzipien....20

Energiebereitstellung....25

Der Energiestoffwechsel der Muskulatur....25

Die Laktatschwelle....29

Laktatbildung und -elimination....30

Die maximale Sauerstoffaufnahme (VO2max)....32

Einflussfaktoren der Ausdauerleistungsfähigkeit....33

Trainingsmethoden zur Verbesserung der Ausdauerleistung ..35

Trainingssteuerung....39

Trainingsvolumen....39

Trainingsintensität....40

Trainingsvolumen versus -intensität 44

Polarisiertes Trainingsmodell....46

Hochintensives Training....49

Leistungsdiagnostik....55

Qualitätskriterien einer Leistungsdiagnostik....56

Einflussfaktoren auf die Testqualität....57

Die Herzfrequenz....58

Der Laktatleistungstest....59

Spiroergometrie....70
Der Zeitfahrtest (Tempodauertest)....74
Conconi-Test....75
Leistungsentwicklung....77

Trainingsplanung....81

Klassisches Periodisierungsmodell....83
Jahreszyklus....83
Makrozyklus....85
Mesozyklus....91
Wochenplanung....93
Trainingsblöcke....98
Die unmittelbare Wettkampfvorbereitung....99

Blockperiodisierung....102
Prinzip der Blockperiodisierung....104
Mesozyklen in der Blockperiodisierung....105
Jahresplanung in der Blockperiodisierung....110
Mikrozyklen in der Blockperiodisierung....112

Block- versus klassische Periodisierung....117

Regeneration....119

Übertraining....120
Überziehen....121
Übertrainingssymptome....122
Therapie....125
Prophylaxe....125

Regenerationsstatus bewerten 126
Stoffwechselparameter..127
Herzschlag..128
Körpergewicht..132
Subjektive Ermüdungsparameter..132
Erholung 133
Literatur & Internet..137

Einleitung

Ist sportlicher Erfolg planbar? Es scheint so! Erfolgreiche Athleten zeichnen sich neben außergewöhnlichem Talent auch durch einen systematischen und strukturierten Trainingsprozess aus.

Bereits aus der Antike sind einfache Anweisungen und Prinzipien für eine gezielte Trainingsplanung bekannt. Athleten und Trainer stellten schon damals fest, dass der menschliche Organismus in seiner Leistungsentwicklung verschiedenen Gesetzmäßigkeiten unterworfen ist und sich ein Athlet nicht immer in absoluter Höchstform präsentieren kann.

In der Mitte des letzten Jahrhunderts wurde dann vor allem in den früheren Ostblockstaaten eine rege und umfangreiche Forschung in der Trainingswissenschaft betrieben. Ein zentrales Thema war unter anderem immer auch die strukturierte Planung und Steuerung des Trainingsprozesses mit dem Ziel der Leistungssteigerung. 1965 veröffentlichte der russische Trainingswissenschaftler Matwejew ein erstes Konzept der „***Periodisierung des sportlichen Trainings***“. Bis heute bildet es für viele Trainer die Grundlage ihrer Trainingsplanung und -gestaltung.

Doch das Modell ist heutzutage nicht ganz unumstritten und so wurden im Laufe der Zeit Planung und Periodisierung -auch im Rahmen zunehmender Professionalisierung im Sport- immer mehr zum Thema sportwissenschaftlicher Forschung. Mittlerweile gibt es zahlreiche Modelle und Ansätze, die den Sportler unterstützen und seine individuelle sportliche Leistungsfähigkeit optimieren sollen. Teilweise stehen deren wissenschaftliche und empirische Überprüfung aus und sind zu hinterfragen. Oft scheinen Erfahrungen, die Trainer in der täglichen Arbeit mit ihren Athleten gesammelt haben, den wissenschaftlichen Grundlagen zu widersprechen, oder lassen sie zumindest in einem neuen Licht erscheinen. So hat sich unter Experten und Trainern eine rege Diskussion und Erfahrungsaustausch entwickelt.

In den letzten Jahren ist die Trainingsgestaltung nach der ***Blockperiodisierung*** ein viel diskutiertes und beachtetes Modell geworden. Gerade im Hochleistungssport scheint es sich mehr und mehr durchzusetzen und viele entscheidende Vorteile zu bieten.

Im Rahmen diese Buchs werden die Hintergründe der Trainingsplanung erläutert und die Unterschiede, mit den resultierenden Vor- und Nachteilen, von klassischer und Blockperiodisierung für Sportler unterschiedlicher Leistungsstärke dargestellt. Grundlegende Themen sind in diesem Zusammenhang auch Trainingssteuerung, Leistungsdiagnostik und Regeneration, die im Trainingsprozess eine wichtige Rolle einnehmen.

Die ***Trainingssteuerung,*** mit der Abstimmung von intensiven und umfangreichen Be- sowie Entlastungsphasen, ist auf allen Leistungsstufen ein entscheidendes Kriterium der Leistungsentwicklung und basiert auf den Vorgaben der Trainingsplanung!

Eine ***Leistungsdiagnostik*** liefert wesentliche Voraussetzungen für die Trainingssteuerung, indem sie unter anderem die Grundlage für die Bestimmung der Trainingsbereiche bietet. Wird sie in regelmäßigen Abständen durchgeführt gibt sie zugleich Rückmeldung über die Effektivität der eingesetzten Trainingsmaßnahmen.

Training und ***Regeneration*** gehören eng zusammen, sie sind zentrale Bestandteile des Trainingsprozesses. Als solches sollten Regenerationsmaßnahmen in der Trainingsplanung berücksichtigt und fest in den Trainingsablauf integriert werden.

Grundlagen sportlichen Trainings

Training & Trainingsanpassungen

Was ist sportliches Training? Der Begriff wird in Alltag und unter Sportlern teilweise in ganz unterschiedlichem Zusammenhang gebraucht. Was im Rahmen des Trainingsprozesses natürlich interessant ist, ist der trainingsrelevante Aspekt. Als übergeordnetes Ziel kann man sicher herausstellen, dass Sportler in ihrer Leistungsfähigkeit verbessert und optimal auf einen Wettkampf vorbereitet werden sollen.

> ***Sportliches Training*** bedeutet planmäßiges, systematisches Vorgehen mit dem Ziel der körperlichen Leistungssteigerung.

Durch sportliches Training kommt es zu funktionellen Veränderungen im Organismus, den sogenannten Trainingsanpassungen. Sie resultieren in einer Leistungssteigerung. Das Ganze sollte per Definition planmäßig und systematisch erfolgen. Da es sich beim menschlichen Organismus um ein hochkomplexes und sehr dynamisches System handelt, ist es äußerst schwierig die Auswirkungen von Trainingsmaßnahmen exakt zu beschreiben. Ein integrativer Ansatz muss einerseits konstitutionelle und konditionelle Gesichtspunkte berücksichtigen, andererseits aber auch die Leistungsentwicklung im koordinativen, technischen und taktischen Bereich mit einbeziehen. Im Ausdauersport ist der konditionelle Gesichtspunkt mit den Teilaspekten der Energiebereitstellung, -nutzung sowie -abgabe ein wichtiges Kriterium und zentraler Gesichtspunkt.

Für die Beschreibung von Trainingsanpassungen existieren unterschiedliche

Modelle. Für den Ausdauersport hat sich ein ***Vier-Stufen-Modell*** bewährt, das mit der Trainingsrealität sehr gut korreliert. Nach diesem Modell dauert die Phase der Umstellung der einzelnen Funktionssysteme (Muskulatur, Nerven, Herz-Kreislauf,...) unterschiedlich lange, eine stabile Anpassung wird nach etwa 4-6 Wochen erreicht und vollzieht sich in vier grundlegend-en Stufen:

1 **Veränderungen im motorischen Bewegungsprogramm**

Der Körper lernt überflüssige Bewegungen zu vermeiden, der Athlet bewegt sich ökonomischer und effizienter. Bereits nach einer Woche merkt er wie seine Koordination flüssiger und harmonischer abläuft, er spart Kraft und Energie.

2 **Vergrößerung der Energiespeicher / Massezunahme der Muskulatur**

Durch sportartspezifische Belastungen kommt es zur Ausschöpf-ung der körpereigenen Energiespeicher. Der Organismus reagiert mit einer Vergrößerung dieser Speicher. Bei widerstandsorient-iertem Training nimmt in dieser Phase die Masse der trainierten Muskulatur zu.

3 **Optimierung geregelter Systeme und Strukturen**

Nachdem sich in der zweiten Stufe die Muskulatur angepasst hat, bekommt sie nun in der dritten Stufe Unterstützung von den anderen Funktionssystemen des Organismus. Zur Erleichterung dieser Anpassung sollte in dieser Phase (nach 2-3 Wochen) eine deutliche Umfangreduzierung des Trainings erfolgen.

4 **Koordination leistungsbeeinflussender Systeme**

In dieser letzten Stufe findet nun die endgültige Harmonisierung und Stabilisierung aller beteiligten Funktionssysteme des Organ-ismus statt.

Nach erfolgreicher Anpassung müssen dem Körper neuartige Reize gegeben werden um das erreichte Niveau weiter auszubauen, oder auf einem hohen Niveau zu halten. Die nächste Anpassungsphase beginnt.

Stufe	Zeitl. Einordnung	Anpassung
1	7. – 10. Tag	Veränderung des motorischen Steuerprogramms
2	10. – 20. Tag	Vergrößerung der Energiespeicher, Muskelmassezunahme
3	20. – 30. Tag	Optimierung geregelter Systeme und Strukturen
4	30. – 40. Tag	Koordinierung der Hierarchie der Systeme

Tab.: Zeitliche Ablauf der Anpassung nach Neumann (2010)

Funktionelle Anpassungen werden durch Trainingseffekte hervorgerufen, die sich auf unterschiedlichste Art äußern und große Bedeutung für die Trainingsplanung und -steuerung haben. Die nachfolgende Tabelle verdeutlicht diese Zusammenhänge in ihrem zeitlichen Kontext.

Effekt	Definition	Dauer	Beispiel
akut	veränderter körperlicher Zustand während der Belastung	Sekunden bis Minuten	Herzfrequenzerhöhung, Ermüdung
unmittelbar	veränderter körperlicher Zustand, verursacht durch eine einzelne Trainingseinheit	Stunden	erhöhte Ruheherzfrequenz, erhöhter Harnsäurespiegel, verminderte Sprungkraft
kumulativ	veränderter körperlicher Zustand sowie Niveau motorischer Fähigkeiten in Folge einer Serie von Trainingseinheiten	Tage bis Jahre	erniedrigte Ruheherzfrequenz, erhöhte maximale Sauerstoffaufnahme, erhöhte Maximalkraft
verzögert	veränderter körperlicher Zustand sowie Niveau motorischer Fähigkeiten nach einem spezifischen Trainingsprogramm	Tage bis Wochen	erhöhte Explosivkraft nach zweiwöchigem hochintensivem Trainingsblock
residual	Konservierung des veränderten körperlichen Zustands sowie Niveaus motorischen Fähigkeiten nach Beendigung eines Trainingsprogramms	Tage bis Monate	Erhalt der Maximalkraft über mehrere Wochen nach Beendigung eines Krafttrainings

Tab.: Trainingseffekte unterschiedlicher Dauer (nach Zatsiorsky, 1995, leicht modifiziert)

Die aufgeführten Effekte stehen miteinander in Wechselwirkung, was sich auch grafisch sehr gut darstellen lässt und die Bedeutung jedes einzelnen für den gesamten Trainingsprozess verdeutlicht.

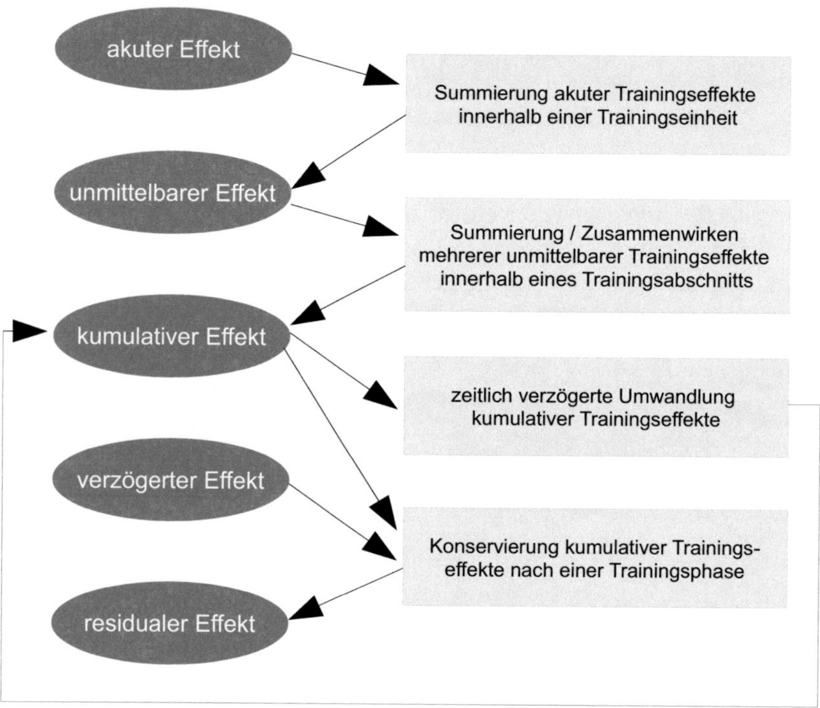

Abb.: Wechselwirkung von Trainingseffekten (nach Issurin 2007, modifiziert)

Akute Trainingseffekte können sehr gut zur Trainingssteuerung genutzt werden, da sie belastungsspezifisch sind. Im Ausdauersport ist die Herzfrequenzmessung während Training und Wettkapf seit Jahren üblich. Im Radsport setzen sich Wattmeßgeräte für die Belastungssteuerung auch bei ambitionierten Amateuren immer mehr durch, bei Profis sind sie schon längst etabliert. So können Trainingsintensitäten exakt vorgegeben und kontrolliert werden.

Der ***unmittelbare Trainingseffekt*** ist die Summe aller akuten Trainingseffekte innerhalb einer Trainingseinheit. Im Hochleistungssport ist es üblich, dass in einer Trainingseinheit gezielt ein bis maximal zwei Schwerpunkte gelegt werden. Die konzentrierte Belastung auf eine oder wenige konditionelle Fähigkeiten stellt vor allem auf hohem Leistungsniveau einen optimalen Trainingsreiz dar. Sportler niedrigen bis mittleren Leistungsniveaus können demgegenüber durchaus von einer vielfältigen und abwechslungsreichen Belastungsgestaltung innerhalb einer Trainingseinheit profitieren.

Der ***kumulative Trainingseffekt*** ist ein entscheidender Faktor für die langfristige Herausbildung der sportlichen Leistung. Für deren Ausprägung sind Beständigkeit und Dauer wichtige Faktoren. Dabei beansprucht sowohl die Anpassung der einzelnen Funktionssysteme als auch deren entsprechende Rückbildung in einer längeren Trainingspause unterschiedliche Zeiträume. Man spricht in diesem Zusammenhang von der ***Heterochronie des Trainingspozesses***, der sich sowohl als verzögerter als auch residualer Effekt bemerkbar macht.

Der ***verzögerte Trainingseffekt*** steht in einem engen Zusammenhang mit Regenerationsphasen nach intensiven Trainingsabschnitten. Trainingsanpassungen vollziehen sich zeitlich immer nach Phasen der Belastung. Beträgt die Zeitspanne nur wenige Tage, so spricht man von einem einfachen kumulativen Trainingseffekt. Ist der Zeitraum länger und erstreckt sich über Wochen, so spricht man von einem verzögerten Trainingseffekt. Dies ist vor allem nach hochkonzentrierten Trainingsblöcken der Fall und auch zum Beispiel im Rahmen der Wettkampfvorbereitung umgangssprachlich als „***Taperphase***“ bekannt. Die deutliche Belastungsreduzierung aktiviert die Regenerationsprozesse im Organismus, so dass der Athlet sukzessive seine Leistungsfähigkeit steigern kann.

Der ***residuale Trainingseffekt*** konserviert die sportliche Leistungsfähigkeit nach Abschluss eines Trainingsprogramms für einen gewissen Zeitraum. Entsprechend dem verzögerten Trainingseffekt kann der Athlet anfänglich noch von einem erhöhten Leistungsvermögen profitieren, das dann langsam aber stetig schwindet. Den residualen Trainingseffekt kann man entsprechend der Dauer in einen lang- einen mittel- und einen kurzfristigen Effekt unterscheiden.

<table>
<tr><th>Zeitdauer des Residualeffekts</th><th>Wirkbereich</th><th>Adaption</th><th>Effektdauer</th></tr>
<tr><td rowspan="4">langfristig</td><td rowspan="2">Stütz- und Bewegungsapparat</td><td>Anpassungen im Knochen-gewebe und in den Gelenken</td><td>Veränderungen fast irreversibel</td></tr>
<tr><td>Veränderungen in der Muskel-zusammensetzung sowie Muskelhypertrophie</td><td>mehrere Jahre</td></tr>
<tr><td>Neuromuskuläres System</td><td>Erlernen und perfektionieren von Bewegungsabläufen und sportartspezifischen Techniken</td><td>mehrere Jahre</td></tr>
<tr><td>Herz-/Kreislaufsystem</td><td>Vergrößerung des Herzens (Sportlerherz) sowie des Aortendurchmessers</td><td>mehrere Jahre</td></tr>
<tr><td rowspan="2">mittelfristig</td><td>Herz-/Kreislauf- & Atmungssystem</td><td>erhöhte Kapillardichte, ver-minderte Ruhe-Herzfrequenz, erhöhtes Blutschlagvolumen</td><td>einige Monate</td></tr>
<tr><td>Neuromuskuläres System</td><td>verbesserte inter- und intra-muskuläre Koordination</td><td>einige Wochen</td></tr>
<tr><td rowspan="5">kurzfristig</td><td>Aerobes Stoffwechselsystem</td><td>Vergrößerte muskuläre Glykogenspeicherung, Vermehrung aerober Enzyme</td><td>einige Tage bis Wochen</td></tr>
<tr><td>Anaerobes Stoffwechselsystem</td><td>Verbesserung anaerober, alaktazider und glykolytischer Stoffwechselparameter</td><td>einige Wochen</td></tr>
<tr><td rowspan="3">Neuromuskuläres System</td><td>erhöhte Kraft und Ausdauer</td><td>einige Wochen</td></tr>
<tr><td>verbesserte Ausdauerleistung der lokalen Muskulatur</td><td>einige Wochen</td></tr>
<tr><td>Verbesserung der Beweglichkeit</td><td>einige Wochen</td></tr>
</table>

Tab.: Dauer residualer Effekte (Issurin 2004, leicht modifiziert)

Im Rahmen der Trainingsplanung ist vor allem der kurzfristige Residualeffekt interessant. Er hängt vor allem von vier Faktoren ab:

- ***Dauer des vorangegangenen Trainingsprogramms:***

  Ein über längere Zeit durchgeführtes Trainingsprogramm bewirkt länger andauernde Residualeffekte. Durch den zeitlich längeren Anpassungsprozess kann auch der Trainingseffekt länger konserviert werden (Issurin 2004).

- ***Belastungsintensität des vorangegangenen Trainingsprogramms:***

  komplexe Trainingsprogramme bewirken länger andauernde Residualeffekte als hochintensives spezifisches Training (Popov, 2012).

- ***Trainings- und biologisches Alter:***

  Ältere und trainingserfahrenere Atleten profitieren von länger andauernden Residualeffekten (Pyne & Touretski, 1993).

- ***Weiterführender Trainingsprozess:***

  Stimulierende Elemente des vorangegangenen Trainingsprozesses können den Residualeffekt verlängern (Zatsiorsky et al, 1995).

Ein verbesserter Trainingszustand äußert sich in einer verminderten Auslenkung der Herz-Kreislaufparameter bei gleicher Belastung, z.B. in einer verminderten Herzfrequenz bei gleicher Belastungsintensität, einer schnelleren Wiederherstellung ruhebezogener Sollwerte (Erholung) sowie einer vergrößerten Toleranz gegenüber maximalen Belastungen.

Trainingsprinzipien

Training bewirkt leistungsfördernde Anpassungsprozesse, aber nur wenn gewisse Regeln und Prinzipien eingehalten werden. Trainingsprinzipien formulieren allgemeine Zusammenhänge, die eine Planungshilfe für die Organisation und den systematischen Aufbau des Trainings geben. Sie stellen die Grundlage der Trainingsplanung, -gestaltung und -steuerung dar und sollten daher im Trainingsprozess beachtet werden. Ihre konsequente Umsetzung garantiert maximale Leistungsfortschritte und hilft dem Athleten dabei, sich weder zu über- noch unterfordern. Da sie übergeordnete Prinzipien mit hoher Allgemeingültigkeit sind, lassen sie für Trainer und Athleten gewisse individuelle Gestaltungsspielräume. Sie stehen nicht isoliert nebeneinander, sondern überschneiden sich inhaltlich.

Je nach Autor und Bezugsebene sind eine unterschiedliche Anzahl an Trainingsprinzipien dokumentiert. Unter dem Gesichtspunkt der Trainingsplanung und -steuerung und der damit eng verbundenen biologischen Gesetzmäßigkeiten von Belastung, Erholung und Anpassung sind die nachfolgenden besonders herauszustellen.

Prinzip des wirksamen Belastungsreizes

Hier handelt es sich um ein zentrales Prinzip, das sich für die ***Auslösung der Anpassung*** verantwortlich zeigt. Das bedeutet, dass nur dann funktionelle Anpassungen im Organismus ausgelöst werden, sofern die Belastung im Training eine wirksame Belastungsschwelle überschreitet. Das hängt sowohl von Umfang als auch von der Intensität der Belastung ab. Unterschwellige Reize bleiben wirkungslos. Schwach überschwellige Reize erhalten lediglich das Funktionsniveau des Organismus, für eine optimale Anpassungsreaktion sind überschwellig starke Belastungsreize notwendig. Sind die Reize allerdings zu stark ausgeprägt, so kann das Funktionsniveau des Organismus auch geschädigt werden.

Die Höhe der ***reizwirksame Schwelle*** ist stark vom Zustand des Athleten abhängig. Was für einen Leistungssportler ein wirksames Training bedeutet, kann einen Freizeitsportler unter Umständen stark überfordern.

Prinzip der progressiven Belastungssteigerung

Nach einer erfolgreichen Funktionsanpassung werden nachfolgend gleich bleibende Belastungen für eine weitere Leistungsentwicklung unwirksam. Der Körper gewöhnt sich quasi an die Anforderung, die an ihn gestellt wird, so dass die Leistungsfähigkeit nicht weiter gesteigert werden kann.

Um weitere Anpassungsprozesse anzustoßen, bedarf es eines stärkeren Belastungsreizes. Die Erhöhung der Trainingsbelastung kann allmählich oder sprunghaft erfolgen. Eine allmählich Steigerung wird vor allem bei Athleten auf niedrigem bis mittlerem Leistungsniveau angewendet. Die sprunghafte Steigerung ist vor allem dann sinnvoll, wenn das Leistungsniveau des Athleten bereits sehr hoch ausgeprägt ist und durch stetige Steigerungen keine weiteren Fortschritt mehr verzeichnet werden können.

Als sinnvoll hat sich eine Belastungssteigerung nach folgender Reihenfolge erwiesen:

1. Erhöhung der Trainingshäufigkeit
2. Erhöhung des Trainingsumfangs innerhalb einer Trainingseinheit
3. Verkürzung von Pausen innerhalb einer Trainingseinheit
4. Erhöhung der Trainingsintensität

Prinzip der optimalen Relation von Belastung und Erholung

Dieses Prinzip ***sichert die Anpassung*** und ist dafür verantwortlich, dass der Sportler weder über- noch unterfordert wird. Training und Wettkampf bedeuten Stress. Davon muss sich der Athlet wieder erholen. Erst nach einer entsprechenden Regenerationsphase kann der nächste Belastungsreiz wieder optimal verarbeitet und für eine weitere Leistungssteigerung genutzt werden. Man spricht in diesem Zusammenhang von der ***Superkompensation***, die sich prinzipiell in vier Phasen gliedern lässt:

1. Phase: ***Belastung***, damit Störung und Erniedrigung des Funktionsniveaus.

2. Phase: ***Erholung*** des Organismus, verbunden mit einer allmählichen Wiederherstellung des Funktionsniveaus.

3. Phase: ***Superkompensation***, eine überschießende Wiederherstellung des Funktionsniveaus auf ein höheres Level.

4.*Phase:* ***Reduktion***, die erneute Abnahme des zuvor erhöhten Funktionsniveaus.

Der nachfolgende Belastungsreiz sollte in die Phase der Superkompensation gelegt werden. In der Praxis ist dies aber nicht so einfach, da verschiedene Funktionssysteme des Organismus unterschiedlich lange Regenerationszeiten benötigen. Wird der nachfolgende Belastungsreiz zu spät gesetzt, so hat sich das Leistungsniveau bereits wieder auf sein Ausgangsniveau zurückgebildet. Wird der Belastungsreiz zu früh gesetzt, so findet keine Superkompensation statt. Im schlimmsten Fall ist dann noch nicht einmal die Erholungsphase vollständig abgeschlossen, so dass sich das Leistungsniveau sogar reduziert. Geschieht dies wiederholt, so kann es zu einer massiven Leistungsbeeinträchtigung kommen, man spricht dann von einem Übertraining des Athleten.

Prinzip der Zyklisierung

Ein Leistungssportler kann seine Leistungsfähigkeit nicht das ganze Jahr über auf gleichbleibend hohem Niveau halten. Das Trainingsjahr wird daher gezielt in aufbauende, stabilisierende und reduzierende (erholende) Belastungsphasen unterteilt.

Dasselbe Prinzip wird auch kurz- und mittelfristig innerhalb dieser Trainingsphasen genutzt. Dies dient der Vermeidung von Überlastungen und um Leistungsmaxima zu Wettkampfhöhepunkten herauszubilden.

Phasen-einteilung	Regenerationsvorgang	Zeitdauer	Vorausgegangene Belastung
Frühphase	Wiederauffüllung der Kreatinphosphatspeicher	4 – 6 min	Maximalbelastung 10-12s (alaktazid)
	Abbau des Blutlaktats (Halbwertszeit)	1 – 3 h (15 min)	intensive anaerobe Belastung
	Beginn der Glykogenauf-füllung	bis 2 h	anaerob-laktazide Belastung
Spätphase	Elektrolytausgleich (Na, K)	6 h	großer Flüssigkeitsverlust
	Aufbau kontraktiler Eiweiße	12 – 48 h	maximale Muskelbelastungen
	Kompensation von Glykogen	24 – 48 h	intensive aerobe Belastung
Super-kompens-ationsphase	Ausgleich verlorener Muskelenzyme	48 – 60 h	hochintensive / überlange Belastungen
	Wiederaufbau von Struktureiweiß	48 – 72 h	häufige Laktatbildung im Muskel
	Superkompensation der Glykogenspeicher	2 – 3 Tage	intensive aerobe Belastung
	Elektrolytausgleich (Mg, Fe)	2 – 3 Tage	großer Flüssigkeitsverlust
	Ausgleich im Hormonhaushalt	2 – 5 Tage	anaerob-laktazide Belastungen, psychischer Stress
	Neuaufbau von Struktureiweiß	Tage – Wochen	lange, intensive Belastungen

Tab.: Ablauf der Superkompensation

Prinzip der individualisierten Belastungssteuerung

Nicht jeder Athlet ist gleich: eine optimale Leistungsentwicklung muss die individuellen Voraussetzungen jedes einzelnen Sportlers berücksichtigen. Das bedeutet, dass Trainingsmaßnahmen, -belastungen und -steuerung individuell auf den Athleten abzustimmen sind. Dies beinhaltet vor allem folgende Gesichtspunkte:

- Geschlecht
- biologisches Alter
- Trainingsalter
- Leistungs-/Trainingszustand
- Belastbarkeit

Prinzip der zunehmenden Spezialisierung

Um eine optimale Leistungsentwicklung zu gewährleisten, muss der Anteil des speziellen Trainings sowohl innerhalb der einzelnen Trainingsstufen als auch innerhalb des Jahresablaufs gegenüber dem allgemeinen Training systematisch erhöht werden.

Im langfristigen Leistungsaufbau ist ein optimales Verhältnis zwischen allgemeiner und spezieller Vervollkommnung zu sichern.

Prinzip der wechselnden und variierenden Trainingsbelastung

Durch wechselnde Belastungsformen und variierende Belastung einzelner Funktionssysteme des Organismus können gleichzeitig mehrere Leistungsfaktoren trainiert und verbessert werden.

Prinzip der richtigen Belastungsfolge

In Abhängigkeit von der Leistungsstruktur sind kognitive, konditionelle und technisch-koordinative Trainingsaufgaben sinnvoll abzustimmen und wirksam zu verknüpfen.

Prinzip der permanenten Trainingssteuerung

Für die optimale und wirkungsvolle Steuerung des Trainings sind Daten der Leistungsdiagnostik sowie der Trainings- und Wettkampfanalyse zu erheben, zu nutzen und planbezogen zu werten.

Energiebereitstellung

Muskeln brauchen für ihre Aktivität Energie. Für die Energiebereitstellung laufen im Körper verschiedene, sich gegenseitig ergänzende, Systeme ab. Im Rahmen des Trainingsprozesses ist das Wissen um die Funktionsweise und das Zusammenspiel dieser System von großer Bedeutung. Nur so kann jedes einzelne effektiv angesprochen und in seiner Funktion optimiert werden.

Der Energiestoffwechsel der Muskulatur

Für die Kontraktion der Muskulatur ist genau ein chemischer Stoff verantwortlich: Adenosintriphosphat (ATP). Dieser Stoff besteht aus Adenosin und drei Teilen Phosphat. Während der Muskelarbeit wird er durch die Abspaltung eines Phosphatrestes in Adenosindiphosphat (ADP) umgewandelt. Die Energie, die dabei freigesetzt wird, kann für die Muskelkontraktion genutzt werden.

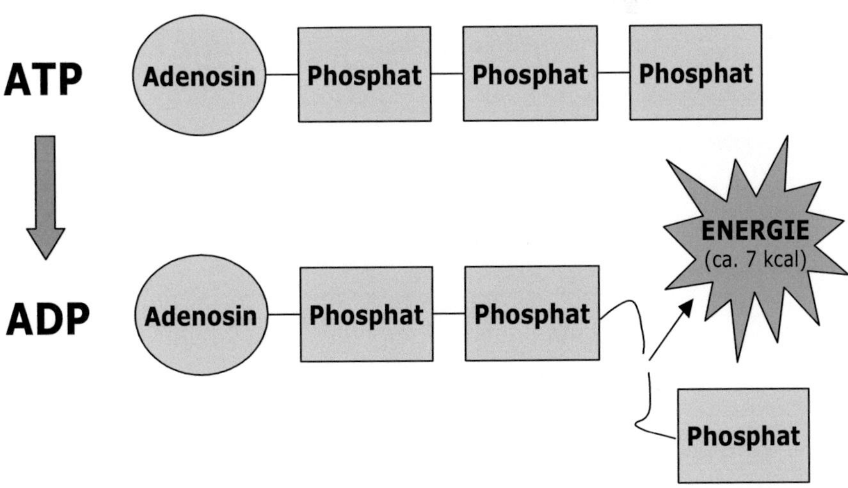

Die ATP-Menge in der Muskulatur ist leider sehr beschränkt, so dass der Energievorrat für eine Einsatzdauer von maximal zwei bis drei Sekunden ausreichend ist. Der Körper muss also für weitere Kontraktionen möglichst schnell aus dem ADP wieder ATP zurückgewinnen. Dazu bedient er sich verschiedener energieliefernder Systeme und –quellen, die unterschiedlich schnell ablaufen.

Kreatinphosphatsystem

Als erstes und schnellstes System kommt das Kreatinphosphatsystem zum Einsatz, das allerdings nur für relativ kurz Zeit Energie liefern kann. Bei maximaler Belastung sind es gerade einmal sechs bis acht Sekunden.

Nach der Belastung verläuft der Wiederaufbau des verbrauchten Kreatinphosphat sehr schnell. Bereits nach rund 20 Sekunden ist die Hälfte, nach gut 40 Sekunden drei Viertel der Gesamtmenge resynthetisiert. Diese Art der Energiegewinnung läuft ohne die Zuhilfenahme von Sauerstoff und ohne Laktatbildung ab (***Anaerob alaktazider Energiestoffwechsel***).

Kreatinphosphat + ADP → Kreatin + ATP

Glykolyse

Die Glykolyse ist das zweite System das zum Einsatz kommt. Jetzt werden die in der Muskulatur gespeicherten Kohlenhydrate (Glukose) umgesetzt.

Glukose + P + ADP → Laktat + ATP

Auch die Glykolyse läuft ohne die Beteiligung von Sauerstoff. Als Stoffwechselendprodukt entsteht bei dieser Reaktion Laktat (***Anaerob laktazider***

Energiestoffwechsel). Das Laktat reichert sich in der arbeitenden Muskulatur an und zwingt den Athleten bereits nach kurzer Zeit seine Leistung zu reduzieren.

Oxidativer Glykogenabbau

Dieser Weg der Energiegewinnung wird vor allem dann eingesetzt, wenn weniger Energie pro Zeiteinheit erforderlich ist. Die maximale Energieflussrate ist nur halb so groß wie bei der Glykolyse. Der Prozess läuft unter dem Einfluss von Sauerstoff (***Aerober Energiestoffwechsel***). Die Substrate werden vollständig abgebaut und damit ökonomisch genutzt.

$$\textbf{Glukose} + \textbf{P} + \textbf{ADP} + \textbf{O}_2 \rightarrow \textbf{CO}_2 + \textbf{H}_2\textbf{O} + \textbf{ATP}$$

Das Glykogen ist die Speicherform der Glukose in Muskulatur und Leber. Während Muskelglykogen vor allem den Energiebedarf der Muskulatur abdeckt, sorgt das Leberglykogen für die Aufrechterhaltung des Blutglukosespiegels, sowohl in Ruhe als auch unter Belastung. Für Ausdauersportler ist die Größe der Muskelglykogenspeicher ein wichtiges leistungsbestimmendes Kriterium, da sie in ihrer Energieversorgung direkt davon abhängig sind. Durch intensives Ausdauertraining lassen sich die Speicher deutlich vergrößern, so dass der Sportler dann längere Zeit auf diese Form der Energiegewinnung zurückgreifen kann.

Oxidativer Fettabbau

Der oxidative Fettabbau kann auf fast unerschöpfliche Energiereserven zurückgreifen, hat allerdings den Nachteil, dass die maximale Energieflussrate gegenüber dem oxidativen Glykogenabbau nochmals halbiert ist. Somit kann diese Form der Energiebereitstellung lediglich bei relativ niedriger Belastungsintensität genutzt werden. Auch dieser Prozess läuft unter dem Einfluss von Sauerstoff ab (***Aerober Energiestoffwechsel***).

$$\text{Fette} + P + ADP + O_2 \rightarrow CO_2 + H_2O + ATP$$

Substrat	Umsetzung	Verfügbarkeit (max. Einsatzdauer)	Geschwindigkeit der ATP-Bildungsrate (Flussrate mmol/min)
ATP, KrP	anaerob-alaktazid	sehr beschränkt (6-8 Sekunden)	sehr schnell (4,4)
Glykogen	anaerob-laktazid	beschränkt (40-90 Sekunden)	schnell (3,0)
Glykogen (Muskulatur)	aerob	beschränkt (60-90 Minuten)	langsam (1,0)
Glykogen (Leber)	aerob	beschränkt (60-90 Minuten)	träge (0,4)
Fette	aerob	nahezu unbeschränkt (Stunden bis Tage)	träge (0,4)

Tab.: Energieliefernde Prozesse im Körper

Proteinstoffwechsel

Kohlenhydratmangel bedeutet für den Körper eine Notsituation, bei der er damit beginnt, Aminosäuren für die Energiegewinnung heranzuziehen. Im Organismus gibt es eine kleine Reserve, die in Form von etwa 110g freien Aminosäuren zur Verfügung steht. Bei Langzeitbelastungen können unter energetischen Engpässen etwa 4 bis 9 Gramm Aminosäuren pro Stunde oxidiert werden. Insbesondere Alanin sowie die verzweigtkettigen Aminosäuren Valin, Leucin und Isoleuzin werden zur Glukoseneubildung herangezogen. Der Hauptteil der Proteine ist in festen Strukturen eingebaut, hat eine Masse von 4-5 Kilogramm und ist während der Belastung im Normalfall nicht zur Energieversorgung nutzbar.

Die Laktatschwelle

Für den Trainingsprozess ist die Art der Energiebereitstellung bei der Belastung ein wichtiger Faktor. Ganz entscheidend ist, ob diese mit (aerob) oder ohne (anaerob) Beteiligung von Sauerstoff stattfindet.

Die aerobe Form der Energiebereitstellung wird vor allem bei geringer bis mittlerer Belastungsintensität genutzt. Dabei werden sowohl Glykogen (Kohlenhydratstoffwechsel) als auch Fette (Fettstoffwechsel) abgebaut. Steigt die körperliche Belastung an, so benötigt die Muskulatur mehr Sauerstoff um den Energiebedarf zu decken. Der Anteil des Kohlenhydratstoffwechsels an der Energiebereitstellung steigt, der Anteil des Fettstoffwechsels wird geringer. Ab einer gewissen Belastungsintensität ist das Herz-Kreislaufsystem nicht mehr in der Lage die arbeitende Muskulatur mit genügend Sauerstoff zu versorgen. Dies ist der Punkt, an dem die Laktatkonzentration im Blut stark ansteigt. Laktat ist ein Stoffwechselzwischenprodukt, das beim Abbau von Glykogen entsteht. Seine Konzentration im Blut hängt, neben der Sauerstoffversorgung der Muskulatur, von der Fähigkeit des Körpers ab, dieses wieder abzubauen. Außerdem hängen die Anteile von Kohlenhydrat- und Fettstoffwechsel an der Energiegewinnung unmittelbar mit der Laktatkonzentration im Blut zusammen.

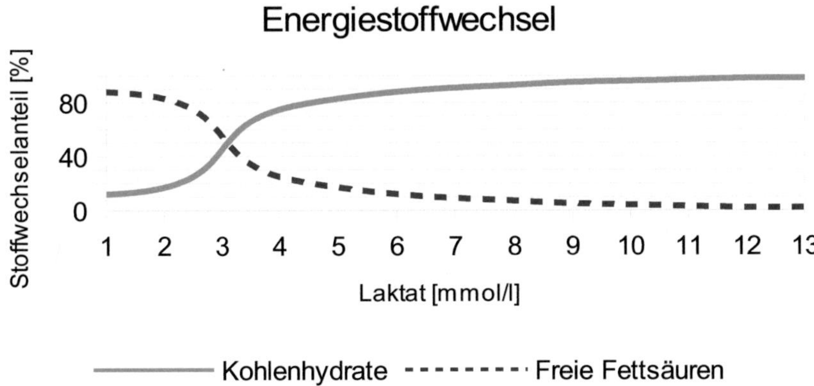

Abb.: Kohlenhydrate und freien Fettsäuren beim Energiestoffwechsel in Abhängigkeit von der Laktatkonzentration (nach Neumann, 2007)

Laktatbildung und -elimination

Grundsätzlich findet im Organismus immer Laktatbildung statt, also auch in Ruhe. Dadurch, dass es fortlaufend abgebaut wird steigt der Spiegel im Blut aber nicht an sondern pendelt sich auf einem definierten Niveau ein. Eliminationsorte sind vor allem die belastete Muskulatur, der Herzmuskel sowie die Leber. Die Geschwindigkeit des Abbaus hängt von seiner Konzentration und der Kapazität des aeroben Stoffwechsels ab. Unter Ruhebedingungen misst man normalerweise Blutlaktatwerte von 0,8 bis 1,5 mmol/l.

In Ruhe sowie bei niedriger Belastung besteht ein so genanntes ***Laktat-Steady-State***, ein Gleichgewichtszustand zwischen Laktatbildung und -abbau. Erhöht sich die Belastung, so stellt sich ein neues Gleichgewicht ein. Das Niveau fällt entsprechend der Belastungsintensität höher als in Ruhe aus. Steigt die Belastung weiter an, so wird irgendwann die Laktatbildung größer als der -abbau, es kommt somit zu einem kontinuierlichen Anstieg der Konzentration im Blut. Der Grenzwert, bei dem die Bildung den Abbau übersteigt, wird ***maximales Laktat-Steady-State (maxLass)*** genannt und als ***Dauerleistungsgrenze*** angesehen.

Das Laktatverhalten hängt ursächlich mit dem Energiestoffwechsel zusammen und spiegelt sich in der Definition der aeroben und anaeroben Schwellen wieder.

Die ***aerobe Schwelle*** stellt die Grenze der rein aeroben Energiebereitstellung dar. Das anfallende Laktat kann von der Muskulatur selbst beseitigt werden. Im ***aerob-anaerober Übergangsbereich*** halten sich Laktatbildung und -abbau die Waage. Bei weiter erhöhter Belastungsintensität kommt es jenseits der ***anaeroben Schwelle*** zu einem starken Anstieg der Laktatkonzentration. Die Belastung kann in diesem Bereich nicht lange aufrecht erhalten werden und muss recht schnell abgebrochen werden.

Bildung und Abbau von Laktat und damit auch die Höhe der Konzentration sind individuell sehr verschieden. Sie hängen neben der körperlichen Grundkonstitution unter anderem auch stark von der Leistungsfähigkeit und dem Trainingszustand des Sportlers ab. Aus zahlreichen Untersuchungen und Beobachtungen wird bei Laktatwerten von etwa 2 mmol/l ein oberer Regulationszustand für den rein aeroben Energiestoffwechsel angenommen. Bei Laktatwerten von etwa 4 mmol/l wird die anaerobe Schwelle gesehen.

Die individuelle Laktatschwelle eines Athleten kann etwas von diesen fixen Schwellenwerten abweichen. Das hat jedoch für die Trainingspraxis kaum Relevanz, da die Belastungsvorgabe in Trainingsbereichen erfolgt und nicht punktuell auf dem Niveau eines bestimmten Wertes.

Der Zusammenhang von Belastungsintensität und Laktatbildung kann in einem Laktatleistungstest bestimmt werden. Das resultierende Schaubild zeigt die zugehörige Laktatleistungskurve.

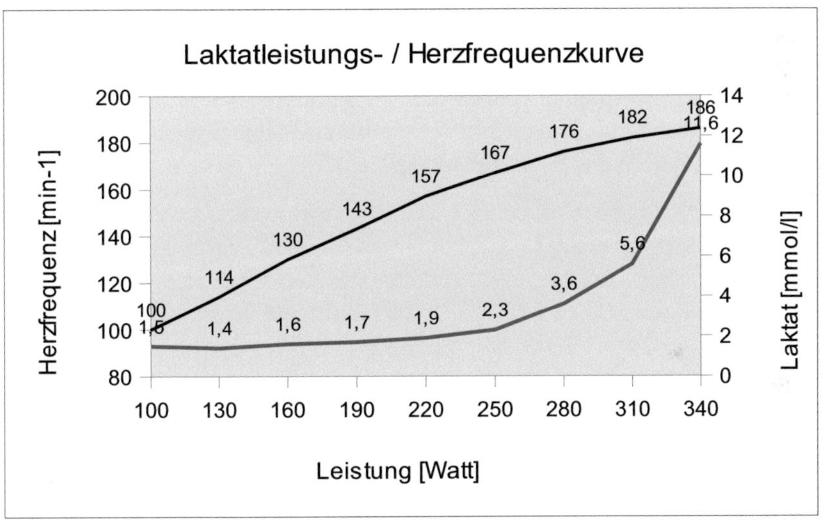

Abb.: Schematische Laktatleistungskurve

Durch Training wird die Laktatleistungskurve eines Athleten maßgeblich beeinflusst. Betontes Grundlagenausdauertraining verschiebt die Kurve im Schaubild nach rechts, ein deutliches Zeichen für die Zunahme der aeroben Leistungsgrundlagen, eine Ökonomisierung im Energiestoffwechsel und eine größere Ausnutzung der maximalen Sauerstoffaufnahme. Ein betont wettkampfspezifisches Training mit hohen Belastungsintensitäten führt zu einer Linksverschiebung der Kurve. Dies resultiert aus einem veränderten Regulationszustand, der für eine höhere wettkampfspezifische Leistungsfähigkeit notwendig ist. Aus einem auf Ökonomisierung einregulierten Funktionszustand sind keine herausragenden Wettkampfleistungen möglich.

Die maximale Sauerstoffaufnahme (VO_{2max})

Die maximale Sauerstoffaufnahme (***VO_{2max}***) ist ein Maß für die Leistungsfähigkeit der sauerstoffaufnehmenden, sauerstofftransportierenden und sauerstoffverwertenden Systeme des Organismus. Es handelt sich damit gewissermaßen um die Zusammenfassung der Leistungsfähigkeit der Teilsysteme Atmung, Herz-Kreislauf-System und Muskelzellen. Damit ist sie ***DIE*** klassische Messgröße zur Beurteilung der Ausdauerleistungsfähigkeit.

Einige dieser Teilbereiche können durch Training verändert werden, andere sind mehr oder weniger genetisch bestimmt und können nicht, oder nur in sehr begrenztem Maße, beeinflusst werden.

Für die Beurteilung der maximalen aeroben Leistungsfähigkeit wird ein Bezug zum Körpergewicht hergestellt. Dadurch wird die Leistungsfähigkeit unterschiedlicher Sportler direkt miteinander vergleichbar. Frauen weißen gegenüber Männern etwa 5 bis 10 Prozent geringere Werte auf.

Die Werte der VO_{2max} liegen bei männlichen untrainierten Erwachsenen bis zum dritten Lebensjahrzehnt bei etwa 40-45 ml/min*kg, bei Frauen bei etwa 35-40 ml/min*kg, hochausdauertrainierte Athleten haben Werte von teilweise über 75 ml/min*kg. Im Vergleich dazu weisen Herzpatienten zum Teil Werte von unter 25 ml/min*kg auf. Ab dem 30ten Lebensjahr nimmt die maximale Sauerstoffaufnahme jährlich um etwa 1% ab.

Einflussfaktoren der Ausdauerleistungsfähigkeit

Die Wettkampfleistung ist für den Athleten die alles entscheidende Größe, die es zu optimieren gilt. Um die Belastungsdosierung im Training sinnvoll zu gestalten, sollte man die physiologischen Einflussfaktoren auf die Leistungsfähigkeit kennen und deren Zusammenhänge sowie Wechselwirkungen verstehen.

Ausdauerleistungen sind vor allem vom aeroben Stoffwechsel abhängig. Bereits bei einer Wettkampfdauer von etwa 90 Sekunden wird die Hälfte der Energiebereitstellung über den aeroben Stoffwechsel gedeckt. Je länger die Wettkampfstrecke, desto dominanter wird er. Bei Langzeitausdauerbelastungen, wie zum Beispiel im Triathlon oder Marathonlauf, stellen die aerobe Glykolyse sowie die mit der Wettkampfdauer ansteigende und vermehrt an Bedeutung gewinnende Fettoxidation die dominanten Wege der Energiebereitstellung dar.

Für das optimale Wettkampfergebnis ist die Fähigkeit des Athleten entscheidend, eine möglichst hohe Leistung über die gesamte Zeitdauer abzugeben. Neben seiner Motivation ist die Höhe vor allem von folgenden Faktoren abhängig:

- maximale Sauerstoffaufnahme (***VO_{2max}***)
- Prozentsatz der VO_{2max} , der über einen längeren Zeitraum aufrechterhalten werden kann, dies zeigt sich an der ***Leistungsfähigkeit an der anaeroben Laktatschwelle***
- ***Bewegungsökonomie***, sie repräsentiert den Energieaufwand, der benötigt wird, um eine gegebene Leistung zu erbringen und unterstreicht die Bedeutung eines sportartspezifischen Technik- und Koordinationstrainings

Aus den genannten Faktoren ergibt sich das klassische Modell der Einflussfaktoren auf die Ausdauerleistungsfähigkeit nach Bassett und Howley.

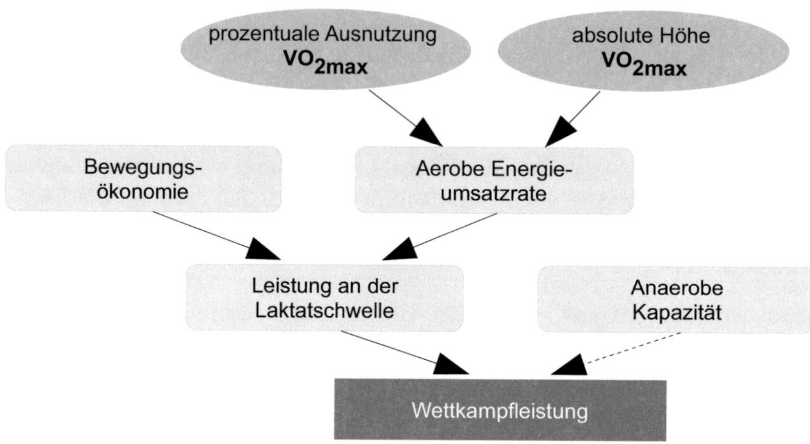

Abb.: Klassisches Modell der Einflussfaktoren auf die Ausdauerleistungsfähigkeit (Bassett und Howley, 1997, modifiziert)

Die ***maximale Sauerstoffaufnahme (VO_{2max})*** repräsentiert das obere Limit des aeroben Stoffwechsels, also die Menge an Sauerstoff, die der Organismus maximal aufnehmen und verstoffwechseln kann. Sie wird daher auch als die ***aerobe Kapazität*** des Organismus bezeichnet. Sie ist gewissermaßen die Basiskomponente für die Leistungsfähigkeit im Wettkampf. Doch trotz identischer VO_{2max} kann sich die Leistung von Sportlern im Wettkampf deutlich voneinander unterscheiden. Entscheidend ist unter anderem auch die Fähigkeit, einen möglichst hohen Prozentsatz der maximale Sauerstoffaufnahme über einen langen Zeitraum auszunutzen. Diese Fähigkeit kommt einer hohen Leistungsfähigkeit an der ***anaeroben Schwelle*** gleich und ist weit besser trainierbar als die Anhebung der maximalen Sauerstoffaufnahme. Eine weitere, oft unterschätzte, Einflussgröße stellt die ***Bewegungsökonomie*** dar. Sie repräsentiert den Energieaufwand, der benötigt wird, um eine gegebene Leistung zu erbringen und unterstreicht die Bedeutung eines sportartspezifischen Technik- und Koordinationstrainings.

Eine untergeordnete Rolle spielt die ***anaerobe Kapazität***, wenngleich sie vor allem bei kürzerer Wettkampfstrecke nicht ganz zu vernachlässigen ist und auch bei dynamischen Rennverläufen mit Zwischen- und Endspurts seinen Einfluss hat.

Zusammenfassend kann man sagen, dass die Bedeutung der einzelnen Faktoren stark von der Wettkampfzeit abhängig ist. Während bei kurzen Ausdauerbelastungen, wie sie beispielsweise bei den leichtathletischen Mittelstrecken gegeben sind, eine hohe maximale Sauerstoffaufnahmefähigkeit sowie eine hohe anaerobe Kapazität gefordert werden, gewinnen bei zunehmender Wettkampflänge das Leistungsvermögen an der Laktatschwelle sowie die Bewegungsökonomie zunehmend an Bedeutung.

Trainingsmethoden zur Verbesserung der Ausdauerleistung

Wie wir gesehen haben hängt die Ausdauerleistung, vor allem mit zunehmender Wettkampfdauer, im wesentlichen von drei Faktoren ab: der maximalen Sauerstoffaufnahme, der Leistung an der Laktatschwelle sowie der Bewegungsökonomie.

Eine Zunahme der ***maximalen Sauerstoffaufnahme*** erreicht man nur durch intensives Training. Kurzzeitige, sehr intensive Belastungen von etwa drei bis maximal acht Minuten setzten entsprechende Reize. Auch das in den letzten Jahren bekannt und immer populärer gewordene hochintensive Intervalltraining kann erfolgreich eingesetzt werden. Es ist durch kurze (10-30s) Belastungsphasen mit gleich kurzen Entlastungsphasen gekennzeichnet und erstreckt sich über eine Gesamtdauer von 4-8 Minuten. Diese relativ kurzen Wiederholungen innerhalb eines Intervalltrainings setzen starke Reize auf die Ausbildung der maximalen Sauerstoffaufnahme. Bei weniger trainierten Athleten kann auch ein moderates, eher umfangorientiertes Training nach der Dauermethode einen gewissen Reiz für die Verbesserung der maximalen Sauerstoffaufnahme setzen, vor allem bei hoch ausdauertrainierten Athleten ist die Belastungsintensität aber zu gering.

Auch zur Verbesserung der ***Bewegungsökonomie*** sind intensive Trainingsformen eher geeignet als niedrig-intensives Training mit hohen Umfängen. Wissenschaftliche Untersuchungen zu diesem Thema sind rar gesät, aber ein Training im Bereich der Wettkampfgeschwindigkeit, oder leicht darüber, scheint optimale Ergebnisse zu bringen. Auch Explosivkrafttraining, plyometrisches Training, spezifisches Training mit erhöhten Widerständen sowie Krafttraining verbessern die Bewegungsökonomie.

Eine Erhöhung der ***Leistungsfähigkeit an der Laktatschwelle*** erfordert vor allem ein Training im Bereich des maximalen Laktat-Steady-State sowie darüber. Zum Einsatz kommt hier oft das extensive Intervalltraining. Auch Krafttraining und hochintensive Trainingsformen bringen Leistungssteigerungen an der Laktatschwelle. Wenn wir das Schaubild der Einflussfaktoren auf die Ausdauerleistungsfähigkeiten betrachten, erscheint es auch logisch, dass Trainingsformen, die die maximale Sauerstoffaufnahme sowie die Bewegungsökonomie verbessern, auch die Leistung an der Laktatschwelle erhöhen. Schließlich hängt diese unmittelbar von diesen beiden Parametern ab.

Trainingssteuerung

Die Steuerung des Trainings erfolgt über unterschiedliche Parameter. Ganz wesentlich ist die optimale Kombination von Trainingsvolumen, Trainingsintensität sowie Trainingssdichte. Mit Hilfe dieser Einflussgrößen findet die konkrete Planung und Steuerung des Trainings statt.

Die Kombination dieser Belastungsgrößen und deren Zusammenhänge bestimmt maßgeblich die Entwicklung der sportlichen Leistungsfähigkeit im zeitlichen Verlauf. Die Planung erfolgt unter Berücksichtigung der bereits im vorherigen Kapitel angesprochenen Trainingsprinzipien und sollte sich immer an den Anforderungen des konkreten Trainingsziels sowie den Bedürfnissen und individuellen Voraussetzungen des Athleten orientieren.

Trainingsvolumen

Das Trainingsvolumen ist die aufsummierte Aktivität über einen definierten Zeitraum. Es kann sich sowohl auf eine einzelne Trainingseinheit als auch auf einen längeren Zeitraum, wie zum Beispiel eine Trainingswoche beziehen. Berücksichtigt werden nicht nur schlicht die Trainingsdauer, sondern insgesamt folgende Gesichtspunkte:

- Trainingsdauer
- Trainingsumfang,
  z.B. absolvierte Distanz im Ausdauertraining, Gesamtvolumen im Krafttraining (Sätze x Wiederholungen x Gewicht)
- Wiederholungsanzahl pro Zeiteinheit im Intervalltraining
- Trainingshäufigkeit

Das Trainingsvolumen ist damit natürlich auch erheblich von der Art des Trainings abhängig. In Ausdaueraktivitäten, wie Laufen oder Radfahren, werden meist die absolvierten Trainingskilometer zur Dokumentation herangezogen, im Krafttraining wird das Gesamtvolumen normalerweise aus der Summe aus Wiederholungen, Sätzen und Gewicht errechnet. Bei technischen oder schnellkräftigen Übungen, wie z.B. plyometrischen Sprüngen, bietet sich die Summe an Wiederholungen als Maß an.

Je besser der Trainingszustand eines Athleten ist, je länger er bereits ein systematischen Trainingsprogramm absolviert hat, desto höher sollte das Trainingsvolumen ausfallen um weitere Anpassungsprozesse zu stimulieren. Ein erfahrener Athlet toleriert ein wesentlich größeres Trainingsvolumen als ein Trainingsanfänger.

Um die Trainingsbelastung im Laufe einer Athletenkarriere oder innerhalb einer Trainingsperiode zu steigern, gibt es prinzipiell folgende Möglichkeiten:

- Erhöhung der Trainingshäufigkeit
- Erhöhung des Trainingsumfangs pro Trainingseinheit
- Erhöhung von Trainingsumfang und -häufigkeit

Die erste Maßnahme sollte immer die Erhöhung der Trainingshäufigkeit sein. Aus wissenschaftlichen Studien gibt es Rückschlüsse darauf, dass dies die Anpassungsvorgänge im Körper deutlich besser stimuliert als die Erhöhung des Umfangs pro Einheit.

Trainingsintensität

Belastungshäufigkeit und -dauer lassen sich relativ einfach beschreiben und quantifizieren, bei der Belastungsintensität wird das schon schwieriger. Gebräuchliche Parameter sind die Geschwindigkeit, die Herzfrequenz, anfallende Laktatwerte oder die Messung der absolvierten Leistung, was sich zum Beispiel im Radsport mit in den letzten Jahren vermehrt durchgesetzt hat.

In der Trainingspraxis hat sich eine Einteilung in Trainingsbereiche bewährt. So lässt sich die Trainingsdauer in den unterschiedlichen Intensitätsbereichen quantifizieren. Als Bezugsgröße kann sowohl die Leistung oder -herzfrequenz als auch die Wettkampfgeschwindigkeit herangezogen werden.

Als Referenzwert hat sich die individuelle anaerobe Schwelle (IANS) des Athleten bewährt und durchgesetzt. Sie kann relativ einfach über eine Leistungsdiagnostik bestimmt werden. Dem Verlauf der Leistungskurve werden dann unterschiedliche Trainingsintensitäten zugeordnet. Und zwar über die prozentuale Einordnung im Verhältnis zur Leistung, beziehungsweise Herzfrequenz, an der individuellen anaeroben Schwelle. Die Steuerung im Training erfolgt dann über kontinuierliche Herzfrequenz- oder Leistungsmessung.

So ergeben sich sechs Trainingsbereiche, die sich unterschiedlich auf die energieliefernden Systeme der Organismus auswirken und jeweils spezifische Trainingsanpassungen auslösen. Zusätzlich nimmt man noch einen siebten Trainingsbereich hinzu. Mit sehr hoher Intensität und kurzer Dauer wirkt dieser Bereich dann aber weniger auf die energieliefernden Systeme als viel mehr auf das neuromuskuläre System, also direkt auf die Muskulatur und ihre nervale Ansteuerung.

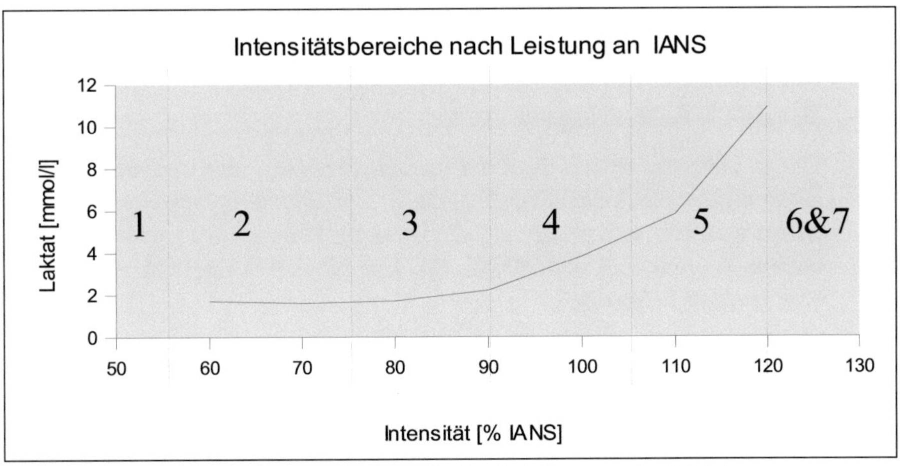

Abb.: Intensitätsbereiche, ermittelt nach der Leistung an der IANS

	Intensitätsbereich						
	1	2	3	4	5	6	7
Leistung [% IANS]	< 55	56-76	76-90	91-105	106-120	> 120	-
Herzfrequenz [% IANS]	< 68	69-83	84-94	95-105	> 106		
Erhöhung IANS		++	+++	++++	++	+	
Erhöhung VO_{2max}		+	++	+++	++++	+	
Verbesserung der Laktattoleranz					+	+++	+
Vergrößerung der Glykogenspeicher		++	++++	+++	++	+	
Vergrößerung der Phosphatspeicher						+	++
Kapillarisierung der Muskelfasern		+	++	++	+++	+	

Tab.: Trainingsbereiche und ihre Trainingswirkungen in den Funktionssystemen

Bereich 1: Aktive Regeneration

Dieser Trainingsbereich dient der ***aktiven Erholung*** und Verarbeitung vorangegangener hochintensiver Trainings- und Wettkampfbelastungen. Außerdem wirkte er sich positiv auf die Leistungsfähigkeit für nachfolgend intensives Training und Wettkämpfe aus. Das subjektive Empfinden zeigt eine ***sehr geringe Belastung***.

Bereich 2: Ausdauertraining

Dieser Trainingsbereich zielt auf die ***Entwicklung der Grundlagenausdauer***. Es wird hauptsächlich der ***Fettstoffwechsel*** trainiert, der Kohlenhydratstoffwechsel ist nur gering an der Energieversorgung beteiligt. Durch Training in diesem Intensitätsbereich wird vor allem das ***aerobe Leistungsvermögen*** gesteigert. Auf der Basis eines umfangreichen Ausdauertrainings kann dann im Verlauf der Saison sukzessive das Training im höheren Intensitätsbereich aufgebaut werden.

Bereich 3: Tempotraining

Das Tempotraining findet im mittleren Intensitätsbereich statt und dient dem ***Ausbau und der Verbesserung des aeroben Ausdauerniveaus***. Es spricht dabei in zunehmendem Maße auch den Kohlenhydratstoffwechsel an. Nach umfangreichem Training der Grundlagenausdauer im Belastungsbereich 2 können im Tempotraining weitere entwickelnde Akzente für die aerobe Ausdauer gesetzt werden.

Bereich 4: Laktatschwellentraining

Dieser Trainingsbereich dient der Verbesserung der Leistungsfähigkeit im Bereich der individuellen aerob/anaeroben Schwelle. Durch das intensive Training wird die ***Laktatschwelle nach oben*** verschoben.

Bereich 5: VO_{2max}-Training

Das VO_{2max}-Training ist durch sehr hohe Belastungen gekennzeichnet. Ziel ist die ***Verbesserung der maximalen Sauerstoffaufnahmefähigkeit***. Dafür kommen vor allem intensive Intervalle im Bereich von 3-8 Minuten zum Einsatz.

Bereich 6: Anaerobes Training

Zur Verbesserung von ***Laktatverträglichkeit*** und ***-abbau*** arbeitet man in diesem Bereich mit sehr kurzen Intervalle von 20 Sekunden bis 3 Minuten in nahezu maximaler Intensität.

Bereich 7: Neuromuskuläres Training

Das neuromuskuläre Training findet in maximaler Intensität bei sehr kurzer Dauer unter 20 Sekunden statt. Es zielt damit weniger auf die energieliefernden Systeme des Organismus. Stattdessen wirkt es vielmehr auf das ***neuromuskuläre System***, also direkt auf die Muskulatur mit deren nervalen Ansteuerung.

Trainingsvolumen versus -intensität

Hohe Belastungsintensitäten bringen schnelle Trainingsfortschritte. Wenn aber zuvor keine ausreichende Basis für das intensive Training gelegt wurde, sind die angestoßenen Anpassungen nicht besonders stabil ausgeprägt. Die Gefahr für Übertraining sowie die eines Leistungsplateaus steigen. Im Gegensatz dazu verursachen niedrigere Belastungsintensitäten zwar langsamere Trainingsfortschritte, bringen aber langfristig eine stabilere Leistungsentwicklung mit sich. Diese bildet dann die Basis für intensives Training, das vor allem bei hoch ausdauertrainierten Athleten für weitere Leistungssteigerungen notwendig ist. Die Kunst der effektiven Trainingsplanung und -steuerung besteht darin, Trainingsvolumen und -intensität systematisch einzusetzen und so zu kombinieren, so dass sich die Leistungsfähigkeit langfristig stabil entwickeln kann.

Durch differenzierte Gewichtung beider Parameter werden unterschiedliche physiologische Anpassungen erreicht. Dabei können die Parameter nicht isoliert betrachtet werden. Training beinhaltet immer sowohl Qualität als auch Quantität und erst in Summe ergibt sich die gesamte Trainingslast. Je größer diese Last ausfällt, desto größer ist auch der Stress für den Athleten. Das wirkt sich in einer Verminderung der Energiespeicher, einer verstärkten hormonellen Störung sowie muskulärer Ermüdung aus. Aber Trainingsstress ist notwendig für die Leistungsentwicklung. Er bewirkt ausgeprägte Anpassungsvorgänge im Organismus.

Im Laufe des Trainingsjahres verändert sich das Verhältnis von Volumen und Intensität. Es ist abhängig vom Trainingsziel der Trainingsphase, in der sich der Athlet aktuell befindet. Zu Beginn liegt der Schwerpunkt auf einer kontinuierlichen Steigerung der Trainingslast, die vor allem durch ein hohes Volumen generiert wird. Im weiteren Verlauf stagniert dieses Volumen zugunsten einer steigenden Trainingsintensität. Um optimal erholt und frisch in den Wettkampf zu starten wird die Trainingslast heruntergefahren. Dies geschieht vor allem durch die Reduktion des Trainingsvolumens bei unverminderter Trainingsintensität.

Um die Trainingslast im Lauf des Jahres systematisch zu verändern, kann man unterschiedliche Strategien anwenden.

Strategien zur Steigerung des Trainingsvolumens:

- Zeitdauer der Trainingseinheit vergrößern
- Erhöhung der Anzahl der Trainingseinheiten
- Erhöhung der Wiederholungs- und/oder satzanzahl in einer Trainingseinheit
- Erhöhung der Zeitdauer/Distanz pro Wiederholung

Strategien zur Steigerung der Trainingsintensität:

- Steigerung der Geschwindigkeit / Leistung pro Wiederholung oder Trainingseinheit
- Erhöhung der Gewichte im Krafttraining
- Verringerung der Erholungszeit im Intervalltraining

Polarisiertes Trainingsmodell

Ein wichtiger Trainingsgrundsatz besteht darin, Trainingsinhalte und -intensitäten systematisch zu variieren. Der Organismus reagiert auf unterschiedliche Belastungen mit jeweils spezifischen Anpassungsreaktionen. Eine entscheidende Frage ist dabei, in welchem Verhältnis das Training in den unterschiedlichen Trainingsbereichen ablaufen sollte, also die Verteilung der Trainingszeit in den einzelnen Belastungszonen. Ein Blick auf Profiathleten ist in diesem Zusammenhang ganz aufschlussreich. Untersuchungen haben bei erfolgreichen Ausdauersportlern eine interessante Verteilung eben dieser Belastungsintensität über das Jahr ergeben.

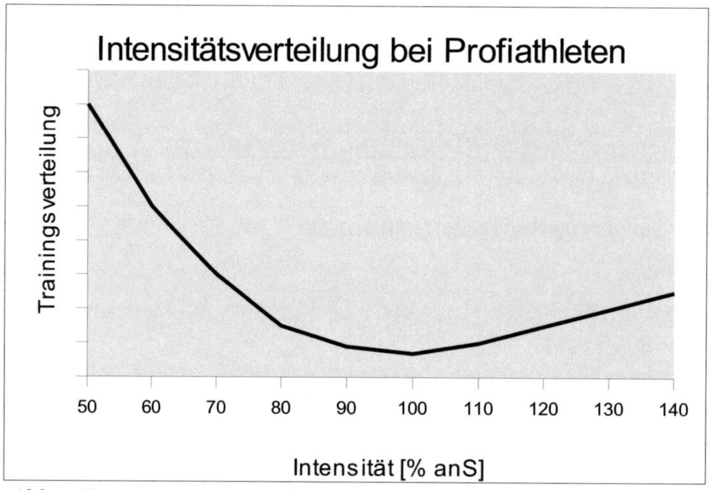

Abb: Trainingsintensität bei erfolgreichen Ausdauersportlern (Seiler & Kjerland, 2006)

Auffallend ist, dass ca. 80% des Trainings in niedriger Belastungsintensität unterhalb der aeroben Schwelle absolviert wird. Die restlichen 20% verteilen sich auf mittlere und vor allem sehr hohe Belastungsintensitäten. Es lässt sich ein klarer Trend erkennen: der Hauptteil des Trainings findet im niedrigen Intensitätsbereich statt, der mittlere Intensitätsbereich knapp unterhalb des Übergangsbereichs des aerob/anaeroben Stoffwechsels wird größtenteils gemieden und der Rest des Trainings oberhalb der anaeroben Schwelle sehr intensiv gestaltet.

Warum ist das so? Welchen Vorteil bietet diese „polarisierte" Herangehensweise?

Die gesamte Trainingsbelastung ergibt sich immer aus zwei Komponenten, der Trainingsintensität und dem Trainingsumfang. Gerade das Training knapp unter und im Bereich der anaeroben Schwelle wirkt sehr belastend. Neben der großen muskulären Erschöpfung werden zusätzlich durch den sehr aktiven Kohlenhydratstoffwechsel auch die Glykogenspeicher in Muskulatur und Leber stark erschöpft. Wird ein großer Teil des Trainings in diesem mittleren submaximalen Bereich absolviert, so geht das meist zu Lasten sehr hoher Intensitäten in den Trainingseinheiten oberhalb der anaeroben Schwelle. Denn zum einen ist die Muskulatur von diesen submaximalen Einheiten sehr stark ermüdet. Zum anderen fehlt der wichtige Brennstoff Glykogen, da die Speicher nach dem vorausgegangenen submaximalen Training nicht wieder vollständig aufgefüllt sind.

Durch eine Polarisierung des Trainings soll also vor allem die Trainingsqualität in den intensiven Einheiten verbessert werden. Für leistungsstarke Athleten ein wichtiger Aspekt. Gerade auf hohem Leistungsniveau wird es ja zunehmend schwieriger die notwendigen intensive Reize für neue Anpassungen zu generieren.

So weit so gut! Aber lässt sich das Trainingsmodell auch auf Freizeit- und Hobbysportler übertragen. Gerade für die ambitionierten unter ihnen, die ja teilweise neben Beruf und Familie noch einen enormen Zeitaufwand für den Sport betreiben, scheint dies zuzutreffen und auf jeden Fall einen Versuch Wert zu sein. Interessant ist in diesem Zusammenhang eine Studie, die Esteve-Lanao et al. (2007) mit ambitionierten Hobbyathleten durchführte: zwei Gruppen trainierten über fünf Monate nach zwei unterschiedlichen Trainingsmodellen und dem selben Gesamttrainingsumfang. Die Verteilung der Trainingsintensität der beiden Gruppen sah während der Studie entsprechend der nachfolgenden Tabelle aus:

	Training unterhalb der aeroben Schwelle (~ 75% VO_{2max})	Training im aerob/anaeroben Übergangsbereich (~ 75%-90% VO_{2max})	Training oberhalb der anaeroben Schwelle (>90% VO_{2max})
Gruppe 1	80 %	12 %	8 %
Gruppe 2	67 %	25 %	8 %

Tab. Verteilung der Trainingsintensität in zwei Trainingsgruppen(nach Esteve-Lanao et. Al, 2007)

Das erstaunliche Ergebnis der Studie ist die Tatsache, dass die erste Gruppe ihre Zeit in einem 10km-Wettkampf im Schnitt mehr steigern konnte (157s) als die zweite Gruppe (120s). Und das obwohl die zweite Gruppe ja die gleiche Zeit oberhalb der anaeroben Schwelle trainiert hatte und zusätzlich wesentlich mehr Zeit im Bereich knapp unterhalb, beziehungsweise sogar in der Wettkampfintensität, verbracht hatte. Anscheinend verbrauchten die Athleten sehr viel Energie in submaximaler Trainingsintensität, so dass die Belastungen im hochintensiven Bereich vermutlich zu niedrig ausfielen. Ein Phänomen, das im Freizeit- aber auch ambitionierten Breitensport sehr häufig anzutreffen ist: oft wird in den leichten Trainingseinheiten zu hart und in den intensiven Einheiten zu leicht trainiert. Das ganze Training tendiert zur „Mitte“, so dass dem Körper keine neuen wirksamen Trainingsreize mehr geboten werden. Was auf niedrigem Leistungsniveau noch ganz gut funktioniert, verliert auf hohem und höchstem Leistungsniveau immer mehr an Wirkung!

Zusammenfassend kann man also attestieren, dass erfolgreiche Ausdauersportler eine überraschend ähnliche Verteilung von Trainingsintensitäten aufweisen:

- Ca. **80% des Trainings** erfolgt mit einer geringen Belastungsintensität **unterhalb der aeroben Schwelle,** beziehungsweise unterhalb 2 mmol/l Laktat.
- Die restlichen **20%** verteilen sich dann auf hohe und vor allem **sehr hohe Belastungsintensitäten**.

Seiler und Kjerland (2006) definieren eine optimale Verteilung der Trainingsintensität nach ihrem Modell des „polarized trainings“ folgendermaßen:

- Trainingszone 1 (geringe Belastung): 75 – 80%
- Trainingszone 2 (mittlere Belastung): 5%
- Trainingszone 3 (hohe Belastung): 15-20%

Hierbei ist zu beachten, dass je nach Sportart und Leistungsklasse die Verteilung in den Trainingszonen 2 und 3 zum Teil auch Variationen aufweisen kann. Sportler reagieren auf Belastungsreize unterschiedlich, so dass es durchaus für den einen oder anderen auch sinnvoll sein kann, von dem gegebenen Muster etwas abzuweichen. Auch Trainingsalter und Leistungsniveau spielen eine wesentliche Rolle. Aber gerade Ausdauersportler, die sich schon längere Zeit auf hohem Niveau bewegen, sollten die Polarisierung stärker ausprägen um weiter trainingswirksame Reize zu setzen.

Hochintensives Training

Hochintensives Training wird als Intervalltraining in den Trainingsbereichen 5 und 6 absolviert und dient vor allem der Steigerung der VO_{2max}. Die Belastungsdauer sollte nach Möglichkeit mindestens 4 Minuten betragen. Kürzere Belastungen sind für die Entwicklung der VO_{2max} deutlich weniger effektiv.

Der Einsatz hochintensiven Intervalltrainings zielt vor allem auf eine ***Verbesserung der maximalen Sauerstoffaufnahme***, hat aber viele weitere positive Effekte auf die Leistungsentwicklung. Zahlreiche Studien belegen, dass mit kurzen aber sehr intensiven Belastungen, im Wechsel mit ebenfalls kurzen Erholungsphasen, ähnliche Anpassungen und Leistungssteigerungen erzielt werden können, wie durch ein traditionelles Ausdauertraining bei moderater Intensität und längerer Belastungsdauer.

Ein Pionier auf dem Gebiet hochintensiver Intervalle kommt aus Japan. 1996 untersuchte I. Tabata (Tabata I. et. al.,1996) die Auswirkungen hochintensiver Intervalle auf die aerobe sowie die anaerobe Leistungsfähigkeit bei Radsportlern. Das Belastungsprotokoll arbeitete mit sehr intensiven Rad-Intervallen von 20 Sekunden (bei 170% der maximalen Sauerstoffaufnahme) Dauer, gefolgt von 10 Sekunden Pause. Insgesamt wurden 8 Intervalle absolviert, so dass die Gesamtbelastungsdauer bei 4 Minuten lag. Die Athleten trainierten 4 mal pro Woche nach diesem Programm und absolvierten zusätzlich ein Mal pro Woche eine einstündige Dauerbelastung bei 70% der maximalen Sauerstoffaufnahme. Eine Kontrollgruppe trainierte lediglich die einstündige Dauerbelastung, allerdings 5 mal in der Woche.

Nach sechs Wochen Training steigerte sich die VO_{2max} der Tabata-Gruppe von 48 auf 55 ml/kg/min, bei der Kontrollgruppe fiel die Steigerung von 52 auf 57 ml/kg/min etwas geringer aus. Lediglich die Tabata-Gruppe konnte zusätzlich im Bereich der anaeroben Kapazität um 28% zulegen.

An der Universität Bern, in Zusammenarbeit mit dem Swiss Health & Performance Lab, wurden 2008 die Effekte eines 11-tägigen hochintensiven Ausdauertrainings bei Nachwuchs Ski Alpin Athleten (FIS Level) untersucht (Hoppeler, et. al., 2008). Das Belastungsprotokoll bestand aus vier 4-minütigen hochintensiven Intervallen mit 3 Minuten Pause. Innerhalb eines Belastungsblocks von 11 Tagen wurden insgesamt 15 HIIT-Einheiten – bei zwei Ruhetagen - absolviert.

Während die Kontrollgruppe, die weiterhin ihr „normales“ Training absolvierte, ihre maximale Leistung sowie die Leistung an der anaeroben Schwelle nur leicht (1-2%) erhöhen konnte, steigerte sich die HIIT-Gruppe vor allem in der Leistungsfähigkeit an der anaeroben Schwelle mit 9,6% doch sehr deutlich. Die maximale Leistung konnte um 4,4% angehoben werden. Das Blutvolumen und das maximale Schlagvolumen des Herzens steigerten sich dabei jeweils signifikant um etwa 10%.

Die Belastungsdauer an der VO_{2max} scheint eine Schlüsselstellung zur Verbesserung der aeroben Ausdauer darzustellen. Ebenso zeigt ein in das „normale“ Training eingebauter Intensitätsblock enorme Leistungssteigerungen in kurzer Zeit.

Die für diese Anpassungen verantwortlichen Mechanismen sind trainingswissenschaftlich nicht abschließend geklärt. Es gibt unterschiedliche Erklärungsansätze, die wohl alle ihren gewissen Betrag zu den erwähnten Anpassungen liefern.

Ein Blick auf zahlreiche **Effekte**, die sich durch das hochintensive Intervalltraining erreichen lassen, verdeutlicht das Potenzial, das sich hinter dieser Trainingsform im Rahmen eines polarisierten Trainingsansatzes verbirgt:

- Untersuchungen haben gezeigt, dass mit einer Steigerung der VO_{2max} auch die **Leistungsfähigkeit bei niedrigeren Intensitäten** signifikant ansteigt.
- Ein Training in höherem Geschwindigkeitsbereich verbessert die **Bewegungsökonomie** und verhilft damit auch zu einem effizienteren Umgang mit den körpereigenen Ressourcen. Der Energieverbrauch bei einer gegebenen Geschwindigkeit wird geringer, bei maximaler Ausnutzung der VO_{2max} wird eine höhere Endgeschwindigkeit erreicht.
- Verbesserung der **Säuretoleranz.** Durch die extrem hohe Intensität der Intervalle wird im Körper sehr viel Laktat produziert, so dass der Körper auch lernt mit diesen hohen Laktatkonzentrationen „umzugehen", die **Laktatkompensation sowie -elimination** verbessern sich.
- Verbesserung der **Kapillarisierung in der Muskulatur** und damit eine gesteigerte Sauerstoffausschöpfung. Kapillaren stellen die kleinste Einheit der Blutgefäße unseres Körpers dar. Sie verzweigen sich innerhalb der Muskulatur in einem System feinster Röhrchen und sind unter anderem für die Anlieferung von Sauerstoff und Energie sowie den Abtransport von Stoffwechselendprodukten verantwortlich. Durch den Ausbau und feinere Verzweigungen des Röhrensystem kommt es zu einer gesteigerten Sauerstoffausschöpfung.
- Zunahme der **Mitochondrien**, den so genannten Kraftwerken der Muskelzelle: hier laufen die eigentlichen Stoffwechselprozesse in der Muskulatur ab indem sie der Zelle das zur Energiegewinnung notwendige Molekül Adenosintriphosphat zur Verfügung stellen.

- Zunahme der **Aktivität der aerober Enzyme**. Es handelt sich um Proteine, die biochemische Reaktionen im aeroben Stoffwechsel katalysieren, also die Energiegewinnung unter Einfluss von Sauerstoff unterstützen und verbessern.

Die ursprünglichen „Grundvarianten“, aus denen sich das HIIT-Training entwickelt hat, sind Aerobe Intervalle, Intermittierende Intervalle sowie Tabata- Intervalle. Sie können nach Bedarf auch leicht abgewandelt und den Bedürfnissen des Athleten angepasst werden.

Aerobe Intervalle haben eine Dauer von 4 Minuten und werden in nahezu maximal möglicher Belastungsintensität absolviert. Zum Einsatz kommen bis zu 4 Intervalle. Die Belastung wird im ersten Intervall subjektive als anstrengend empfunden und steigert sich bis zum vierten Intervall auf sehr anstrengend. Die Pause zwischen den Intervallen beträgt 3 Minuten, so dass das anfallende Laktat in der Pause nicht vollständig abgebaut werden kann. Am Ende des vierten Intervalls sind Blutlaktatwerte von 8-12 mmol/L durchaus üblich.

Intermittierende Intervalle haben eine kurze Dauer von 15 bis maximal 30 Sekunden, sowie lediglich eine der Belastungsdauer entsprechende Pause. So kann die Herz-Kreislaufbelastung über einen längeren Zeitraum (6-10min) auf einem hohen Niveau gehalten werden. Durch regelmäßig wiederkehrende kurze „Pausen“ fällt der Laktatanstieg langsamer aus. Trotz der sehr hohen Belastungsintensität wird das Training als weniger anstrengend empfunden als die Belastung vermuten lässt. Werden mehrere Serien absolviert, so wird dazwischen eine Pause von etwa 10 Minuten eingeplant.

Tabata Intervalle sind eine abgewandelte Form klassischer intermittierender Intervalle. Sie haben eine Intervalllänge von 20 Sekunden und eine Pause von 10 Sekunden. Die Belastungen innerhalb der Intervalle ist annähernd maximal, so dass mit nur acht Wiederholungen eine extrem hohe Auslastung des Herz-Kreislaufsystems über eine Dauer von 4 Minuten erreicht wird. Daher wird im Normalfall nur eine Serie absolviert.

Der HIIT-Block

Trainingsblöcke werden zum gezielten Einsatz von Gipfelbelastungen eingeplant.

HIIT Blöcke stellen durch die enorme Intensität des Trainings einen großen Stress für den Körper dar. Sie sollten daher nicht zu oft eingesetzt und maximal 2-3 mal pro Jahr absolviert werden. Innerhalb eines Blocks können durchaus auch zwei HIIT-Trainingseinheiten pro Tag durchgeführt werden, ergänzendes Training sollte sparsam, mit geringem Umfang und nur in niedriger Intensität eingeplant werden. Nach einem HIIT-Block ist auf jeden Fall eine „Ruhewoche" mit leichtem Training in niedriger Intensität angesagt.

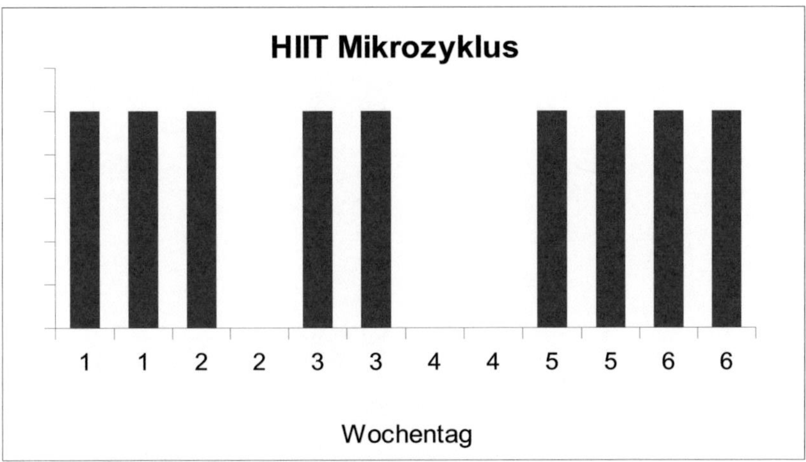

Abb.: HIIT-Trainingseinheiten über 6 Tag

Nützliche Hinweise für die Durchführung von HIIT-Blöcken:

- Durchführung das HIIT Blocks nur in erholtem Zustand
- maximal 3-4 einzelne Schockzyklen (5-7 Tage) pro Jahr
- Doppel-Schockzyklen (10-14 Tage): maximal 2 pro Jahr

- spätestens nach 3 Trainingstagen ein Ruhetag
- ergänzendes Training sollte sparsam, mit geringem Umfang und nur in niedriger Intensität eingeplant werden (Erhaltungstraining)
- nach Schockzyklen ist unbedingt eine ruhige „Erholungswoche“ mit aerobem Grundlagentraining in niedriger Intensität einzuplanen

Leistungsdiagnostik

Eine Leistungsdiagnostik liefert wesentliche Voraussetzungen für die Trainingssteuerung, indem sie unter anderem die Grundlage für die Bestimmung der Trainingsbereiche bietet. Wird sie in regelmäßigen Abständen durchgeführt liefert sie zugleich Rückmeldung über die Effektivität der eingesetzten Trainingsmaßnahmen.

Das Ziel einer leistungsdiagnostischen Untersuchung kann dahingehend definiert werden, dass das sportliche Leistungsvermögen

- untersucht und beurteilt werden soll

sowie mit Hilfe der Analyseergebnisse

- Informationen zur Bestimmung von Trainingsbereichen bereitgestellt werden können
- eventuell regulierend in die weitere Trainingsplanung und -gestaltung eingegriffen werden kann.

Der ***Laktatleistungstest*** sowie die ***Spiroergometrie (Atemgasanalyse)*** stellen für Ausdauersportler die gebräuchlichsten Verfahren im Bereich der geräteunterstützten Leistungsdiagnostik dar. Sie werden in allen Leistungskategorien -vom Hochleistungs- bis hin zum Gesundheitssport- erfolgreich eingesetzt.

Neben diesen bewährten Methoden bestehen noch zahlreiche weitere Möglichkeiten und Verfahren, die sich in ihren Zielsetzungen, dem benötigten Aufwand und ihrer Aussagekraft teilweise ergänzen, teilweise aber auch deutlich voneinander abgrenzen lassen. Wir zeigen in diesem Kapitel mit dem ***Zeitfahrtest (Tempodauertest)*** und dem ***Conconi-Test*** auch zwei einfache Möglichkeiten der selbständigen Ermittlung der individuellen anaeroben Schwelle.

Qualitätskriterien einer Leistungsdiagnostik

Um aussagekräftige Daten zu liefern muss ein Leistungstest gewissen Ansprüchen genügen. Seine Qualität lässt sich anhand folgender Hauptgütekriterien beurteilen:

- **Validität**, sie gibt die Genauigkeit an, mit der der Test tatsächlich jene Eigenschaften erfasst, zu deren Beurteilung er durchgeführt wird. So ist beispielsweise eine Leistungsdiagnostik auf dem Ergometer für die Erfassung der Ausdauer gültig, nicht aber für die Beurteilung der Maximalkraft.

- **Reliabilität**, sie gibt an mit welcher Genauigkeit das zu testende Merkmal erfasst wird und mit welcher Zuverlässigkeit ähnliche Ergebnisse erzielt werden, wenn der Test mehrfach hintereinander durchgeführt wird. Ein Maß für diese Zuverlässigkeit ist der Variationskoeffizient. Er ist eine statistische Größe, für dessen Ermittlung der Test mehrfach absolviert werden muss. Anschließend werden der arithmetische Mittelwert ($\dot{X}$) und die Standardabweichung (s) aus allen Testergebnissen gebildet. Der Variationskoeffizient errechnet sich dann folgendermaßen:

  $$V = 100 \times s/\dot{X} \ \%$$

  Ein zuverlässiger Test sollte auf jeden Fall einen Variationskoeffizienten von unter 10 % aufweisen.

- **Objektivität**, sie gibt an, wie sehr ein Testergebnis vom Untersuchenden, dem Auswertenden und der interpretierenden Person abhängig ist. Um eine große Objektivität zu gewährleisten, sollte ein Test möglichst streng standardisiert sein.

Neben diesen Hauptgütekriterien sind bei einem Test auch die Durchführbarkeit, also die ***Praktikabilität***, der ***organisatorische Aufwand*** und die anfallenden **Kosten** von entscheidender Bedeutung und dürfen nicht außer Acht gelassen werden.

Einflussfaktoren auf die Testqualität

Um objektive und nachvollziehbare Testergebnisse zu erhalten, sollten bei einer Leistungsdiagnostik möglichst viele der folgenden Bedingungen zutreffen, beziehungsweise müssen diese bei der Interpretation der Testergebnisse berücksichtigt werden:

- keine Wettkämpfe/harte Trainingseinheit 48 Stunden vor dem Test
- kein Training mittlerer Intensität über 120 Minuten Dauer in den letzten 48 Stunden vor dem Test
- kein Training niederer Intensität über mehrere Stunden in den letzten 48 Stunden vor dem Test
- keine kohlenhydratreduzierte Diät
- kein übermäßiger Alkoholgenuss am Vorabend
- keine Krankheit in der letzten Woche
- möglichst routinemäßiger Testzeitpunkt (Vormittag/Nachmittag)

Diese Bedingungen sollten unbedingt mit ins Testprotokoll aufgenommen werden um eventuelle Unregelmäßigkeiten richtig interpretieren zu können. Sowohl die weitere Trainingsplanung, als auch der Vergleich mit früheren Testergebnissen ist ansonsten ungenauer und damit weniger effizient.

Die Herzfrequenz

Die Herzfrequenz ist bei der Leistungsdiagnostik ein entscheidender Parameter, da sie zur Belastung in Bezug gesetzt wird und zur Definition der Trainingsbereiche dient.

Sie kann auf unterschiedliche innere und äußere Einflüssen mit Abweichungen zu „Normalbedingungen" reagieren. Diese Einflüsse sollten bei leistungsdiagnostischen Tests unbedingt berücksichtigt werden.

Beobachtung	Mögliche Ursache	Maßnahme
Erhöhte Ruheherzfrequenz	• Übertraining • Krankheit	• Regeneration • Trainingsreduktion • evtl. Trainingspause
Abnahme der Herzfrequenzvariabilität	• Übertraining	• Regeneration • Trainingsreduktion • evtl. Trainingspause
Herzfrequenz ist bei Belastung ungewöhnlich niedrig	• Übertraining • Glykogenverarmung	• Trainingsreduktion • kein WSA-Training
Herzfrequenz ist beim Intervall-training in den Pausen ungewohnt hoch	• Geschwindigkeit zu hoch	• Geschwindigkeitsreduktion • Pausenverlängerung • Trainingsabbruch
Herzfrequenz ist Stunden nach dem Training erhöht	• Flüssigkeitsmangel • Übertraining	• Regeneration • Flüssigkeitszufuhr
Herzfrequenz ist bei Belastung ungewöhnlich hoch	• Krankheit • Flüssigkeitsmangel	• Trainingspause • Flüssigkeitszufuhr

Tab.: Herzfrequenzverhalten

Beobachtungen zum Herzfrequenzverhalten lassen gewisse Rückschlüsse auf mögliche Ursachen zu:

Temperatur: Bei höherer Temperatur erhöht sich auch die Herzfrequenz (kann bis zu 15 Schläge/Minute betragen).

Luftfeuchtigkeit: Eine höhere Luftfeuchtigkeit, vor allem in Verbindung mit großer Hitze und großem Schweißverlust, bewirkt eine ansteigende Herzfrequenz.

Nahrungsaufnahme: Unmittelbar nach Mahlzeiten erhöht sich die Herzfrequenz, dieser Anstieg kann bei üppigen Mahlzeiten durchaus 15 bis 20 Schläge betragen.

Der Laktatleistungstest

Der Laktatleistungstest basiert auf dem Stufentest-Prinzip. Der Proband durchläuft auf einem Ergometer oder Laufband eine stufenförmig ansteigende Belastung. Nach jeder Stufe wird die Leistung um einen festgelegten Betrag erhöht, bis nach etwa 6-10 Stufen die individuelle Maximalleistung erreicht ist. Dabei werden auf jeder Belastungsstufe Herzfrequenz und Blutlaktat gemessen. Aus den ermittelten Werten wird dann die Laktatleistungskurve ermittelt und in einem Diagramm grafisch aufgetragen.

Für aussagekräftige, objektive und reproduzierbare Testdaten müssen möglichst viele der nachfolgend aufgeführten standardisierten Rahmenbedingungen eingehalten werden. Sollte dies nicht der Fall sein, so müssen die Abweichungen unbedingt protokolliert werden. Nur so kann das Testergebnis anschließend richtig interpretiert werden.

Umwelt- & Laborbedingungen:

- Temperatur: 18 – 27°C; ideal ist 22°C
- Luftfeuchtigkeit: 30 – 60%, ideal ist 40%
- Meereshöhe

Der Test erfolgt disziplinspezifisch und muss für jede Sportart separat durchgeführt werden.

Testdurchführung

Die Durchführung eines Laktatleistungstests sollte immer nach einem einheitlichen Schema ablaufen. Dies erleichtert die anschließende Interpretation und den Vergleich mit bereits früher absolvierten Tests.

Die Vorbereitung und Befindlichkeit des Athleten wird gemäß einer standardisierten Checkliste abgefragt. Grundsätzlich sollte der Athlet nach Möglichkeit immer gleich vorbereitet zum Test erscheinen. Dies beinhaltet sowohl die körperliche Vorbelastung als auch die Ernährung in den Tagen vor der Diagnostik.

Das Aufwärmen beträgt mindestens 5 Minuten und findet idealerweise auf dem Testgerät statt. Die Intensität ist niedrig. Zu hohe Intensitäten beim Aufwärmen können bereits vor dem eigentlichen Testbeginn zu erhöhten Laktatwerten führen und das Testergebnis, vor allem auf den ersten Belastungsstufen, entscheidend beeinflussen.

Nach dem Aufwärmen wird der Ruhelaktatwert gemessen, anschließend geht der Test mit der ersten Belastungsstufe los.

Prinzipiell bestehen zwei mögliche Laktatentnahmestellen, die Fingerkuppe sowie das Ohrläppchen. Die Laktatkonzentration im Blut ist sehr variabel und hängt auch davon ab, welche Gewebeteile das Venenblut zuvor durchströmt hat. Da die Blutentnahme am Finger tendenziell zu höheren Laktatwerten führt, muss im Protokoll für die exakte Ergebnisinterpretation auf jeden Fall die Entnahmestelle notiert werden. Der Unterschied kann je nach Belastungsintensität 0,3 bis 0,6 mmol/l Laktat betragen. Die Abnahme von Kapillarblut aus dem Ohrläppchen ist allgemein gebräuchlich. Schweiß hat eine höhere Laktatkonzentration als Blut. Deshalb muss die Laktatentnahmestelle vor der Blutabnahme gut von Schweiß und altem Blut gereinigt werden.

Die Belastungsstufen werden in fest vordefinierten Zeitabschnitten durchlaufen. Aus physiologischer Sicht sollte eine einzelne Belastungsstufe so lange andauern, bis die zu untersuchenden Parameter annähernd ein Steady-State, also einen Gleichgewichtszustand, erreichen. Während dies bei der Herzfrequenz auch bei kürzeren Stufendauern kein allzu großes Problem darstellt, -nach drei Minuten sind mindestens 95 Prozent des Endwertes erreicht- ist dies beim Laktatverhalten etwas differenzierter zu betrachten.

Grundsätzlich gilt hier: Je größer die Abstufung, desto länger muss die Stufendauer gewählt werden um annähernd einen Gleichgewichtszustand in der Laktatkinetik zu erreichen. Aus der Bestimmung in Versuchsreihen mit Radsportlern können folgende Mindeststufen als Empfehlung für die Durchführung eines Laktatstufentests auf einem Fahrradergometer gegeben werden.

Stufensprung	Empfohlene Mindest-Stufenlänge
10 Watt	2 Minuten
20 Watt	3 Minuten
30 Watt	4 Minuten
40 Watt	4:45 Minuten
50 Watt	5:15 Minuten

Tab.: Stufenlängen in Abhängigkeit vom Stufensprung

Nach diesen Stufendauern ist gewährleistet, dass die Laktatkonzentration mindestens 95 Prozent ihres Endwertes erreicht hat.

Die Höhe der Ausgangsbelastungsstufe richtet sich nach dem Trainingszustand des Athleten. Orientierungswerte für den Fahrradergometer- und den Laufbandtest können den folgenden Schemata entnommen werden:

	Anfangsleistung	Stufen-dauer	Leistungs-steigerung
REHA	individuell anpassen		
untrainiert	25 Watt	3 Minuten	10 – 25 Watt
Breitensportler	50 – 70 Watt	3 - 4 Minuten	20 – 30 Watt
Leistungssportler	70 – 120 Watt	3 - 5 Minuten	20 – 40 Watt

Tab.: Belastungsprotokoll Fahrradergometer

	Anfangsge-schwindigkeit	Stufen-dauer	Geschwindigkeits-steigerung
REHA	individuell anpassen		
untrainiert	1,4 - 1,6 m/s	3 Minuten	0,2 - 0,4 m/s
Breitensportler	2,2 - 2,4 m/s	3 - 4 Minuten	0,3 - 0,4 m/s
Leistungssportler	2,8 - 3,2 m/s	4 - 5 Minuten	0,3 - 0,5 m/s

Tab.: Belastungsprotokoll Laufband

Im Leistungssport wird bei **Radfahrern** auf dem Ergometer gerne mit den Belastungsprotokollen 100–20–3 oder 100-30-4 gearbeitet. Das bedeutet, dass die Anfangsbelastung 100 Watt beträgt, der Stufensprung 20(30) Watt und die Belastungsdauer pro Stufe 3(4) Minuten. Durch die geringen Stufensteigerungen erhält man eine große Anzahl an Messpunkten. Dies garantiert einen exakten Kurvenverlauf.

Im Leistungssport hat sich bei Ausdauersportlern auf dem **Laufband** ein Belastungsprotokoll von 3,0-0,4-5 bewährt, also eine Anfangsbelastung von 3,0 m/s, was knapp 11 km/h entspricht, ein Stufensprung von 0,4 m/s (1,44 km/h) und eine Belastungsdauer von 5 Minuten. Das Laufband sollte aufgrund des fehlenden Luftwiderstandes mit 1-2 Prozent Steigung betrieben werden um die Geschwindigkeiten mit denen im Training vergleichen zu können.

Am Ende jeder Belastungsstufe werden Blutlaktat und Herzfrequenz gemessen und protokolliert.

Nach der Blutabnahme ist unverzüglich die nächste Belastungsstufe zu absolvieren. Gesteigert wird bis zur maximalen Ausbelastung des Athleten.

Zusätzlich kann zwei Minuten nach dem eigentlichen Testende das ***Nachbelastungslaktat*** bestimmt werden. Wird diese Messung durchgeführt, so darf zwischen dem Belastungsabbruch und der Messung keine körperliche Aktivität erfolgen, da dies ansonsten den Laktatabbau beschleunigen würde.

Auch eine ***Erholungspuls-Messung*** kann optional durchgeführt werden. Er sollte jede Minute protokolliert werden. Der Verlauf des Erholungspulses ist ein Zeichen für die Leistungs- und Erholungsfähigkeit eines Sportlers.

Nach dem eigentlichen Test erfolgt die Auswertung mit der Erstellung und Interpretation der Laktatleistungskurve sowie die Besprechung mit dem Trainer und/oder Athleten.

• Auswahl Testgerät nach Sportart
• Athleten mit Checkliste über seine Vorbereitung befragen
• Athleten über den Testablauf informieren
• Einstellen des Testgerätes nach individuellen Bedürfnissen
• Aufwärmen
• Ruhelaktatmessung
• Testbeginn
• Laktatentnahme in den Pausen, protokollieren von Herzfrequenz, Blutlaktat und Befindlichkeit nach Borg-Skala
• Testabbruch bei maximaler Auslastung des Athleten
• Optionale Bestimmung von Nachbelastungslaktat und -herzfrequenz
• Besonderheiten des Testablaufes müssen notiert werden
• Testauswertung und Besprechung mit Athlet/Trainer

Tab.: systematischer Ablauf eines Laktatleistungstests

Testinterpretation

Nach dem Test erfolgt dessen Auswertung: die aus dem Stufentest ermittelten und in ein Koordinatensystem übertragenen Messwerte verdeutlichen grafisch den Zusammenhang von absolvierter Leistung und dem dazugehörigen Laktat- beziehungsweise Herzfrequenzverlauf.

Leistung [Watt]	100	130	160	190	220	250	280	310	340
Puls [min^{-1}]	100	114	130	143	157	167	176	182	186
Laktat [mmol/l]	1,5	1,4	1,6	1,7	1,9	2,3	3,6	5,5	11,6

Tab.: Messwerte aus dem Laktatleistungstest

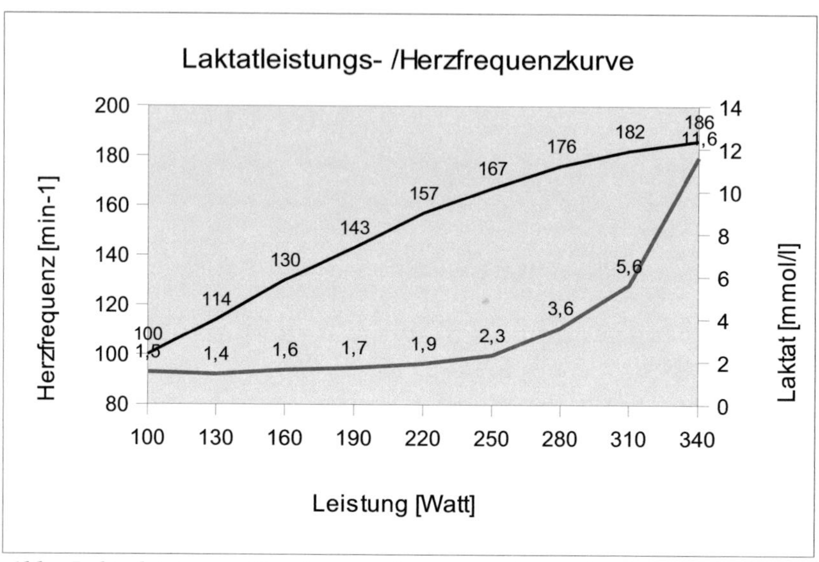

Abb.: Laktatleistungs-/Herzfrequenzkurve aus den ermittelten Messwerten

Mit den erstellten Leistungskurven können anschließend für die Trainingssteuerung relevante Aussagen getroffen werden:

- Ermittlung der **individuellen anaeroben Schwelle**
- Bestimmung der **Trainingsintensitäten** ausgehend von der Leistung an der ermittelten individuellen anaeroben Schwelle.
- Abschätzen der gegenwärtigen **aeroben Leistungsfähigkeit** und dessen Veränderungen im Vergleich zu früheren Messungen

Aufgrund der Grafik können nun die verschiedenen Bereiche und Schwellen des Energiestoffwechsels ermittelt werden.

Als **aerobe Schwelle** wird der Beginn des ersten signifikanten Laktatanstieges bezeichnet. Typischerweise liegt dieser Wert bei einem Laktatwert von 2,0 mmol/l. Die **anaerobe Schwelle**, die auch als der Grenzwert des maximalen Laktat-Steady-State definiert ist, liegt nach Mader bei einem Blutlaktatwert von 4 mmol/l.

Sowohl beim Wert von 2 mmol/l für die aerobe Schwelle als auch bei 4 mmol/l für die anaerobe Schwelle handelt es sich um fixe, empirisch ermittelte, Grenzwerte.

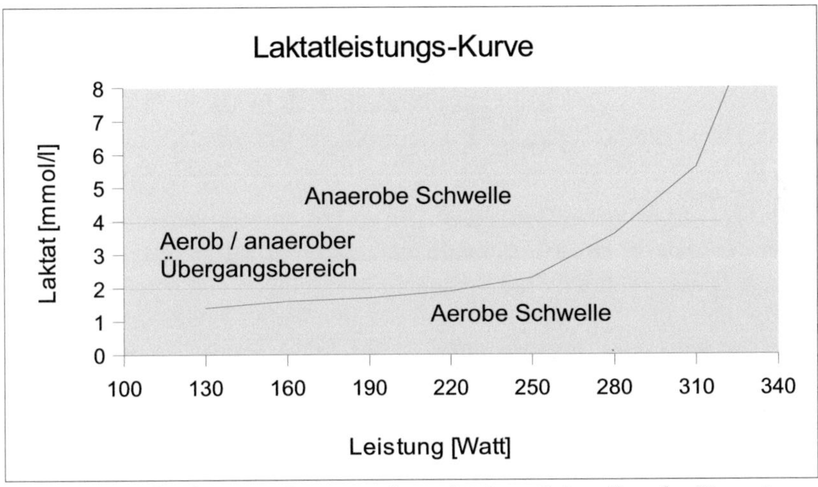

Abb.: Die Laktatleistungskurve und zugehörigen Schwellen des Energiestoffwechsels.

Fixe Schwellen, also solche, die sich auf eine definierte Laktatkonzentration beziehen, sind zwar einfach zu bestimmen, berücksichtigen aber nicht die individuelle metabolische Situation des einzelnen Athleten.

Genauer ist hier die ***individuelle anaerobe Schwelle***: sie stellt ein auf den Sportler bezogenes Maß dar und berücksichtigt die individuelle Laktatkinetik des Athleten. Diese wird vor allem durch den aktuellen Trainingszustand beeinflusst. Der Wert der individuellen anaeroben Schwelle wird an einem kritischen Anstieg der Kurve festgelegten. Dazu existieren mehrere Schwellenwertmodelle, die sich auf unterschiedliche, zum Teil auch unbegründete, mathematische Ansätze beziehen. Die drei gebräuchlichsten und meist verwendeten sind das Schwellenmodell nach Mader, das Freiburger Schwellenmodell sowie das Schwellenmodell nach Dickhut.

Nach ***Mader*** liegt bei 2 mmol/l die aerobe und bei 4 mmol/l die anaerobe Schwelle. Diese sind fixe, rein empirisch ermittelte Werte, welche interindividuelle Unterschiede nicht berücksichtigen. Den Bereich zwischen der aeroben und anaeroben Schwelle nennt MADER den aerob-anaeroben Übergangsbereich. Der Schwellenwert von 4 mmol/l resultiert dabei aus Beobachtungen, dass die entsprechende Belastung im Mittel über längere Zeit toleriert werden kann und erst eine weitere Belastungssteigerung zu höheren Laktatwerten führt. Die fixe Laktatschwelle nach Mader stellt somit einen statistischen Mittelwert dar, der interindividuelle Unterschiede nicht berücksichtigt.

Beim ***Freiburger Schwellenmodell*** wird die individuelle anaerobe Schwelle auf der Grundlage des ersten signifikanten Laktatanstiegs (Basislaktat) errechnet. Dieser Wert wird mit 2,0mmol/l beaufschlagt und repräsentiert damit die anaerobe Schwelle. Beim sogenannten ***freien Freiburger Schwellenmodell*** wird mit einem variablen Offset (oft 1,5mmol/l) gearbeitet. So kann optional auch regulierend auf abweichende Rahmenbedingungen, wie beispielsweise eine Glykogenverarmung, reagiert werden.

Einen ähnlichen Ansatz findet man auch beim S***chwellenmodell nach DICKHUT***. Er nimmt aber als Basislaktat den niedrigsten gemessenen Laktatwert im Test und addiert 0,5 mmol/l hinzu, um die aerobe Schwelle zu erhalten. Zur Ermittlung der anaeroben Schwelle werden nochmals 1,5 mmol/l Laktat beaufschlagt.

Die einzelnen Schwellenmodelle werden mitunter sehr kontrovers diskutiert, liefern sie doch teilweise deutlich voneinander abweichende Werte für die anaerobe Schwelle.

Mit den Schwellenmodellen nach Dickhuth und dem Freiburger Modell werden im Hochleistungssport sehr gute Erfahrungen gemacht. Die Ergebnisse sind auch einfach für die praktische Trainingssteuerung übertragbar. Im Breitensportbereich wird oft mit dem Mader-Modell der fixen Schwellen gearbeitet. Für Athleten mit sehr guter Ausdauerleistungsfähigkeit ist der fixe Wert von 4 mmol/l erfahrungsgemäß etwas zu hoch angesetzt. Da die vorgestellten Modelle voneinander abweichende Schwellenwerte liefern, ist es für die Trainingsüberwachung und den Leistungsvergleich zwingend notwendig, dies zu berücksichtigen und einem einmal gewählten Modell unbedingt treu zu bleiben.

Leistungsentwicklung

Eine Leistungsdiagnostik sollte in regelmäßigen Abständen wiederholt werden. Nur so kann eine effektive Kontrolle der Leistungsentwicklung vollzogen werden.

- Waren die gewählten Trainingsmaßnahmen erfolgreich?
- In welchen Bereichen haben Verbesserungen stattgefunden?
- Wo bestehen weiterhin Defizite im Leistungsvermögen?
- Wie belastend war das Training der letzten Wochen?
- ....

Alles Fragen, die sich aus der Analyse der gesammelten Trainings- und Wettkampfdaten in Verbindung mit der regelmäßigen Durchführung einer Leistungsdiagnostik beantworten lassen.

Neben der reinen Höhe der anaeroben Schwelle bietet sie weitere Interpretationsmöglichkeiten. Grundsätzlich bestehen vier mögliche Veränderungen der Laktatleistungskurve mit entsprechender Interpretation:

1. **Rechtsverschiebung der Kurve:** Verbesserung der Grundlagenausdauer.
2. **Linksverschiebung der Kurve:** Verschlechterung der Grundlagenausdauer.
3. **Flacherer Kurvenverlauf:** spricht für einen Zuwachs an anaerober Kapazität und/oder Kraft
4. **Steilerer Kurvenverlauf:** Verbesserung der Grundlagenausdauer bei gleichzeitiger Verschlechterung der anaeroben Kapazität.

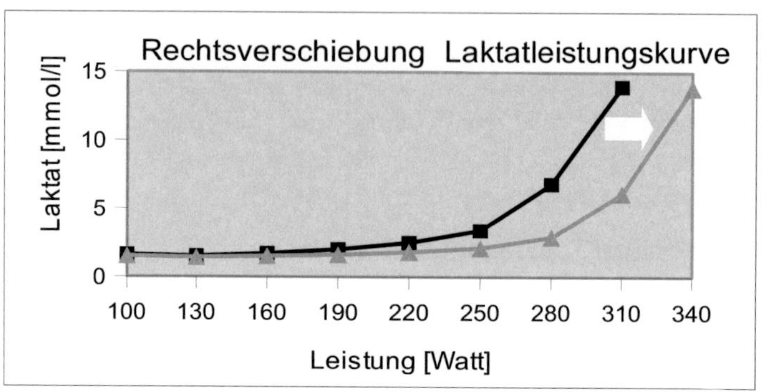

Abb.: Rechtsverschiebung der Laktatleistungskurve

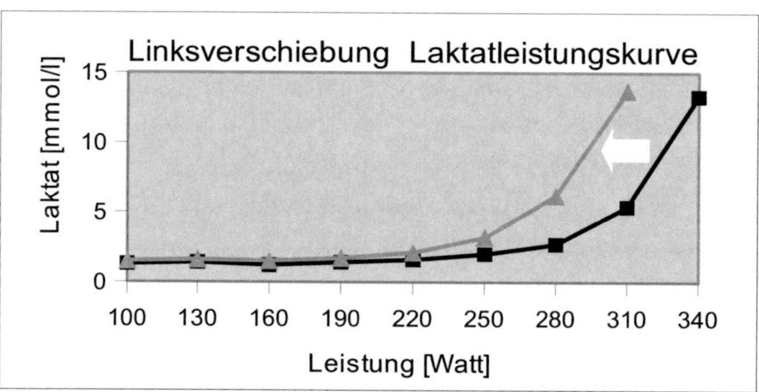

Abb.: Linksverschiebung der Laktatleistungskurve

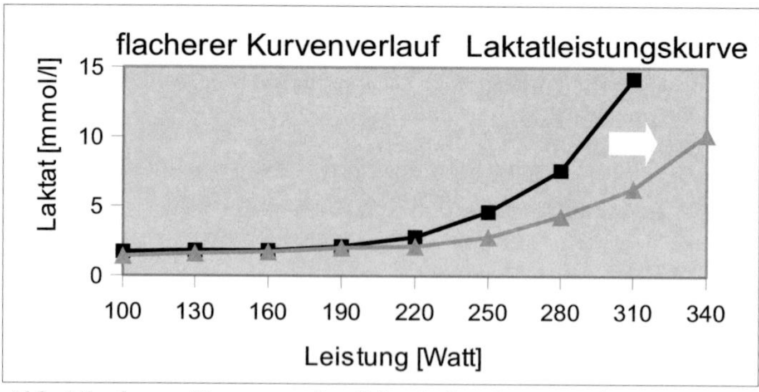

Abb. Flacherer Kurvenverlauf der Laktatleistungskurve

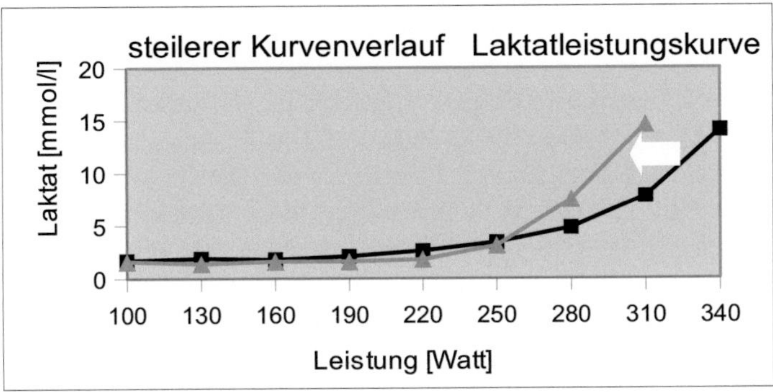

Abb.: steilerer Kurvenverlauf der Laktatleistungskurve

Einflussfaktoren auf den Laktatleistungstest

Die Relation zwischen Herzfrequenz und Blutlaktatkonzentration kann mitunter sehr variabel ausfallen und hängt von unterschiedlichen Einflussgrößen ab. Dies muss bei der Ermittlung und Interpretation der Laktatleistungskurve unbedingt berücksichtigt werden. Die Einflüsse von ***Stufendaue**r* und der Wahl des ***Schwellenmodells*** wurden bereits angesprochen. Auch auf das Herzfrequenzverhalten wurde bereits eingegangen. Darüber hinaus gibt es noch weitere Kriterien, die das Laktatverhalten beeinflussen können. Die Laktatbildung ist das Ergebnis muskulärer Belastung unter anaeroben Stoffwechselbedingungen. Mit steigender Belastungsintensität erhöht sich die Laktatproduktion in der Skelettmuskulatur. Die Menge des gebildeten Laktats ist von unterschiedlichen internen und externen Einflussfaktoren abhängig:

- **Muskelfaserzusammensetzung:** Schnell zuckende FT-Muskelfasern und langsam zuckende ST-Muskelfasern unterscheiden sich in ihren Enzymen sowie dem Gehalt an Myoglobin und Mitochondrien. In ST-reichen Muskelfaserbereichen wurde eine wesentlich schnellere aerobe Funktion und Resynthese des Kreatinphosphat festgestellt, so dass ausdauertrainierte Sportler mit einem hohen Anteil an ST-Muskelfasern generell niedrigere Laktatkonzentrationen erreichen als Sportler aus „anaeroben Sportarten“ mit höherem Anteil schnell zuckender Fasern.

- **Glykogenspeicher:** Die Laktatkonzentration unter Belastung ist in hohem Maße von der Füllung der muskulären Glykogenspeicher abhängig. Je weniger Glykogen vorhanden ist, desto weniger Laktat wird bei der Belastung produziert. Das Resultat: die Laktatleistungskurve verschiebt sich nach rechts und täuscht eine bessere Leistungsfähigkeit vor als sie dem momentanen Zustand eigentlich entspricht. Bei extremer Glykogenbeladung, wie beispielsweise nach einer kohlenhydratbetonten Vorwettkampf-Diät, ist der Effekt genau umgekehrt: die Laktatleistungskurve verschiebt sich nach links und täuscht einen schlechteren Leistungsstand vor.
- **Untersuchungsort/Testgerät:** die Übertragung der im Labor ermittelten Untersuchungsergebnisse auf andere Bedingungen ist nicht unproblematisch. So wurde bei Läufern unter Feldbedingungen festgestellt, dass die Laktatkurve meist steiler ansteigt als im Labor. Dies liegt, neben den klimatischen Einflüssen Temperatur, Luftfeuchtigkeit, Wind und Wärmestrahlung, vor allem an der zum Laufband differierenden Koordination und dem Bodenbelag mit abweichenden mechanischen Eigenschaften. Auch das Schwingungsverhalten und die Elastizität der Laufflächen unterschiedlicher Testgeräte hat einen großen Einfluss auf die Laktatkinetik, so dass Längsschnittuntersuchungen stets auf ein und dem selben Laufband durchzuführen sind.

Spiroergometrie

Ebendo wie der Laktatstufentest basiert auch die Spiroergometrie auf dem Stufentest-Prinzip. Oft werden beide Tests kombiniert, also Laktatwerte während der Spiroergometrie auf den jeweiligen Stufen bestimmt.

Bei der Spiroergometrie wird die Zusammensetzung der Atemgase bei ansteigender Belastung bestimmt. Dadurch können mehr und genauere Aussagen über den Energiestoffwechsel und die Leistungsfähigkeit des Probanden gemacht werden. Durch die kontinuierliche Messung der Atemgase ergibt sich ein geringerer Interpretationsspielraum als beim Laktatstufentest, bei dem die Messungen ja nur punktuell zu bestimmten Zeitpunkten durchgeführt werden.

Der Test sollte unbedingt disziplinspezifisch durchgeführt werden. Für die standardisierten Rahmenbedingungen gelten sinngemäß die selben Ausführungen wie beim Laktatleistungstest.

Testdurchführung

Bei der Spiroergometrie wird das ein- und ausgeatmete Atemgas des Sportlers kontinuierlich gemessen und analysiert. Dazu trägt der Athlet eine Atemmaske über Mund und Nase. Zwischen der jeweiligen Belastungsstufe und der Sauerstoffaufnahme besteht eine lineare Beziehung, so dass einer Arbeitsintensität immer ein definierter Sauerstoffbedarf zugeordnet werden kann. Man spricht in diesem Fall von einem steady-State Zustand der Sauerstoffaufnahme.

Je nach Belastungshöhe und -sprüngen, vergehen auch bei der Spiroergometrie etwa 2 bis 6 Minuten bis die Sauerstoffaufnahme der Belastungsintensität entspricht, also der Steady-State Zustand erreicht ist. So kann man sich beim Belastungsprotokoll der Spiroergometrie an den Vorgaben des Laktatstufentests orientieren.

Die gemessenen Parameter der Spiroergometrie sind im Rahmen einer Leistungsdiagnostik normalerweise:

- Sauerstoffaufnahme
- Produktion von Kohlendioxid
- Zahl und Tiefe der Atemzüge (optional)

Aufgrund dieser Messgrößen lassen sich Rückschlüsse auf weitere Funktionsparameter ziehen. Für die Trainingssteuerung und -kontrolle sind vor allem zwei von besonderer Bedeutung:

- **maximale Sauerstoffaufnahme**, sie gilt als das Bruttokriterium der maximalen aeroben Leistungsfähigkeit und eignet sich daher sehr gut zur Beurteilung des momentanen Leistungszustandes.

- **respiratorischer Quotient**, er eignet sich hervorragend zur Beurteilung der Stoffwechselvorgänge während der Belastung und dient damit auch zur Bestimmung der individuellen anaeroben Schwelle.

Die maximale Sauerstoffaufnahme (VO2max) ist die höchste Sauerstoffaufnahme, die eine Person pro Minute erreichen kann. Trotz weiterer Erhöhung der Belastungsintensität wird ab diesem Punkt keine weitere Steigerung der Sauerstoffaufnahme verzeichnet. Im Registrierungsprotokoll entsteht ein charakteristisches Plateau, in der Grafik sehr gut zu erkennen. Man spricht vom ***Levelling-off*** der Sauerstoffaufnahme.

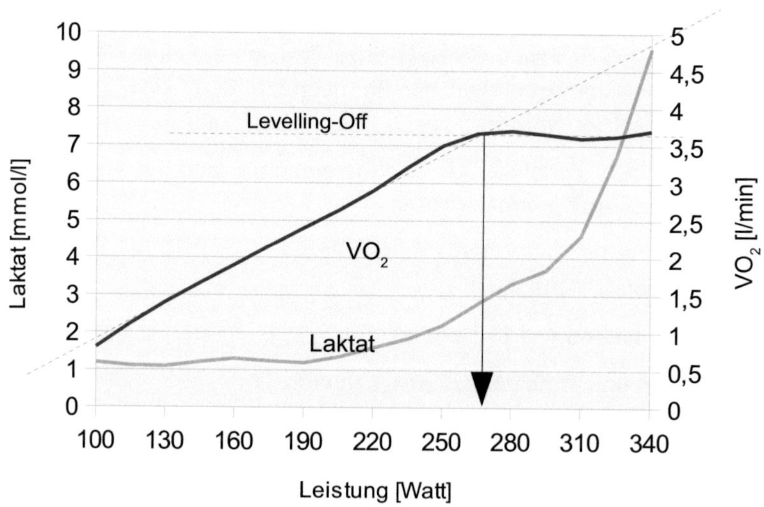

Abb.: Sauersoffaufnahme bei ansteigender Belastung

Das Levelling-off-Phänomen, als Ausdruck der Stagnation der Sauerstoffaufnahme, ist das zuverlässigste Kriterium für das tatsächliche Erreichen der maximalen aeroben Leistungsfähigkeit. Leider wird sie im Test nicht immer erreicht. Auch bei gesunden Personen wird das Phänomen nur bei Laufbandbelastungen beobachtet, auf dem Fahrradergometer erfolgt aufgrund der geringeren beanspruchten Muskelmasse meist vorher ein Arbeitsabbruch.

Aus der CO_2-Abgabe und der O_2-Aufnahme wird durch einfache Division der ***Respiratorische Quotient*** gebildet:

$$RQ = VCO_2 / VO_2$$

Der dimensionslose Quotient dient als Indiz für den Ausbelastungsgrad des Organismus und kann zur Bestimmung der Anteile des Kohlenhydrat- und Fettstoffwechsels an der Energiegewinnung herangezogen werden.

Steigt der Respiratorische Quotient während des Stufentests über 1, so ist der Athlet nicht mehr in der Lage genau so viel Sauerstoff aufzunehmen, wie er CO_2 abgibt. Das Ergebnis: sein Laktatspiegel steigt deutlich an. Somit repräsentiert ein RQ von 1 den Punkt der individuellen anaeroben Schwelle.

Respiratorischer Quotient	Anteile der Energieträger an der Energiegewinnung (Stoffwechsellage)	Energieäquivalent
0,70	100% Fette	4,69 kcal
0,75	75% Fette 25% Kohlenhydrate	4,75 kcal
0,85	50% Fette 50% Kohlenhydrate	4,87 kcal
0,95	25% Fette 75% Kohlenhydrate	4,96 kcal
1,0	100% Kohlenhydrate	5,05 kcal

Tab.: Respiratorischer Quotient und Energiestoffwechsel

Der Zeitfahrtest (Tempodauertest)

Die Leistung an der individuellen anaerobe Schwelle entspricht ziemlich genau der Leistung, die über eine Stunde aufrecht erhalten werden kann. Man spricht deshalb auch von der „***Stundenkapazität***“. So kann man über einen Feldtest einfach und relativ präzise seine Laktatschwelle bestimmen.

Der Tempodauertest kann prinzipiell auf alle Ausdauersportarten angewendet werden. Ursprünglich kommt er aus dem Radsport, wo er noch eine große Popularität geniest. Seine Durchführung ist einfach und er bringt praktikable Ergebnisse mit sich.

Testdurchführung

Nach einem ausgiebigen Aufwärmen mit ein paar integrierten Temposteigerungen wird mit dem eigentlichen Test begonnen. Je nach Bezugsgröße wird er folgendermaßen durchgeführt:

→ Bezugsgröße ***Puls***:

- 30 min Zeitfahren / scharfer Tempodauerlauf / sonstige Ausdauersportart
- Messung des Durchschnittspulses der letzten 20 Minuten (die ersten 10 Minuten werden für die „Einregulierung“ des Pulses benötigt)

→ Bezugsgröße ***Leistung***:

- 30 min Zeitfahren / Ruderergometer / sonstige Sportart
- Messung des Durchschnittsleistung über die 30 Minuten

Die Leistung an der anaeroben Schwelle entspricht in etwa der Leistung, die maximal über eine Stunde erbracht werden kann. Entsprechend müsste man von den ermittelten Puls- bzw. Leistungswerten, die sich ja aus einem Test über nur eine halbe Stunde ergeben, noch etwa 3-5 Prozent abziehen. Im Training ist es jedoch äußerst schwierig eine entsprechend hohe Motivation aufzubringen, so dass sich eher niedrigere Puls- beziehungsweise Leistungswerte als in einer entsprechenden Wettkampfbelastung ergeben. Erfahrungsgemäß korrelieren daher die ermittelten Werte ganz gut mit Puls- und Leistung in einem einstündigen Wettkampf, also der tatsächlichen maximalen Leistungsfähigkeit über diesen Zeitraum. Außerdem werden für die Trainingspraxis ja auch Bereiche für die Trainingsintensität genutzt, so dass der aus dem Test ermittelte Wert trotzdem als praktikable Bezugsgröße für die Bestimmung der Trainingsbereiche herangezogen werden kann.

Man kann die Dauer des Tests auch etwas verkürzen, muss dabei aber bedenken, dass je kürzer die Testdauer gewählt wird desto ungenauer auch die ermittelten Werte ausfallen. Bei einer Belastungsdauer von 20 Minuten erhält man noch praxistaugliche Werte, sollte dann aber auf jeden Fall etwa 5 Prozent vom Testwert abziehen um zu einer repräsentativen Stundenleistung zu gelangen.

Conconi-Test

Der italienische Sportmediziner Francesco Conconi entwickelte vor einigen Jahren ein unblutiges Verfahren zur Bestimmung der anaeroben Schwelle.

Der nach ihm benannte Conconi-Test ist eine sehr gute Alternative zur Laktatdiagnostik. Dank des geringen apparativen Aufwandes ist er jederzeit einfach durchführbar und liefert gute Ergebnisse.

Der Test nutzt das Phänomen, dass die Herzfrequenz in einem weiten Bereich linear mit der Belastung ansteigt. Lediglich für niedrige und sehr hohe Belastungen gilt dies nicht.

Der Athlet durchläuft ähnlich der Laktatleistungsdiagnostik eine stufenweise ansteigende Belastung. Zunächst verläuft die Herzfrequenzkurve entsprechend der Leistungserhöhung linear steigend. Dies gilt bis zu einer bestimmten Belastungsintensität. Der Punkt, an dem die Herzfrequenzkurve ihre gerade Bahn verlässt und zur Seite abknickt, bezeichnet Conconi als den Deflektionspunkt. Dieser entspricht laut Conconi der anaeroben Schwelle und kann somit sehr gut als Bezugsgröße für die Berechnung der Trainingsbereiche herangezogen werden.

Testdurchführung

Auch dem Conconi-Test liegt das Prinzip einer ansteigenden Stufenbelastung zugrunde. Am Beispiel des Lauftests soll die Vorgehensweise verdeutlicht werden: auf einer 400-Meter-Bahn läuft der Sportler eine Strecke von 200 Metern mit einer langsamen Anfangsgeschwindigkeit. Alle 200 Meter steigert er das Tempo. Dies geschieht so lange, bis eine weiter Verschärfung nicht mehr möglich ist. An den 200-Meter-Messpunkten werden jeweils Herzfrequenz und Laufzeit für den 200-Meter-Abschnitt registriert. Je nach Leistungsvermögen des Athleten beginnt man etwa mit einer Zeit zwischen 60 und 80 Sekunden. Gesteigert wird jeweils um etwa zwei bis drei Sekunden, so dass möglichst 8 bis 12 Messpunkte realisierbar sind.

Nach dem Test werden die Werte in einem Diagramm aufgetragen (x-Achse: Geschwindigkeit; y-Achse: Herzfrequenz). Aus der entstandenen Kurve kann jetzt der Deflektionspunkt und damit die anaerobe Schwelle abgelesen werden.

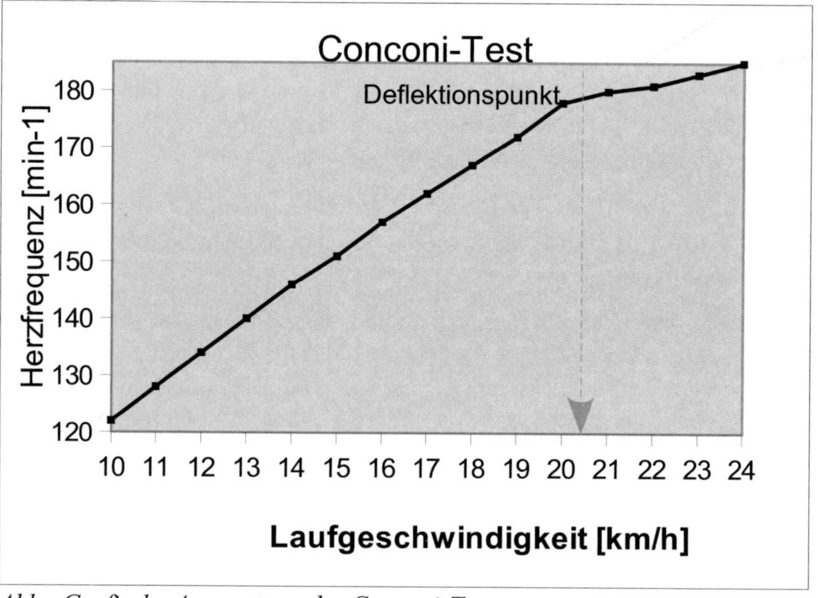

Abb.: Grafische Auswertung des Conconi-Tests

Urspünglich wurde der Test für das Laufen entwickelt, er kann aber auch sehr gut auf einem Fahrradergometer mit ansteigender Watt-Belastung durchgeführt werden.

Als Feldtest auf einer Rad-Rundbahn, beziehungsweise auch als Schwimmtest, ist zu beachten, dass der Luft- beziehungsweise Wasserwiderstand überproportional anwachsen und somit bei der Diagrammerstellung die Schwimmgeschwindigkeit kubisch $(m/s)^3$ und die Radgeschwindigkeit quadratisch $(km/h)^2$ aufgetragen werden müssen.

Interpretation der Testergebnisse

Für die Beurteilung der Testergebnisse werden vier Kenngrößen herangezogen:

- → **Deflektionspunkt:** je weiter rechts, desto größer ist das aerobe Leistungsvermögen.
- → **Belastungs-Endpunkt:** die maximale Geschwindigkeit / Leistung ist ein Maß für das Niveau der Schnelligkeitsausdauer sowie die anaerobe Mobilisationsfähigkeit.
- → **Anstiegswinkel der Kurve:** ein kleiner Anstiegswinkel deutet auf ein ausdauertrainiertes Sportherz hin, das Herz-Kreislauf-System arbeitet unter Belastung sehr ökonomisch.
- → **Abstand zwischen Deflektionspunkt und Belastungs-Endpunkt:** je größer der Abstand ausfällt, desto stärker ist die anaerobe Leistungsfähigkeit ausgeprägt.

Leistungsentwicklung

Wird der Test in regelmäßigen Abständen durchgeführt, so kann eine Kontrolle der Leistungsentwicklung vorgenommen werden. Prinzipiell ergeben sich entsprechend der Laktatleistungskurve vier Möglichkeiten der Leistungsentwicklung:

1. Rechtsverschiebung der Kurve

- Erhöhte Ausdauerleistungsfähigkeit
- positive Umstellung und Anpassung der Organsysteme

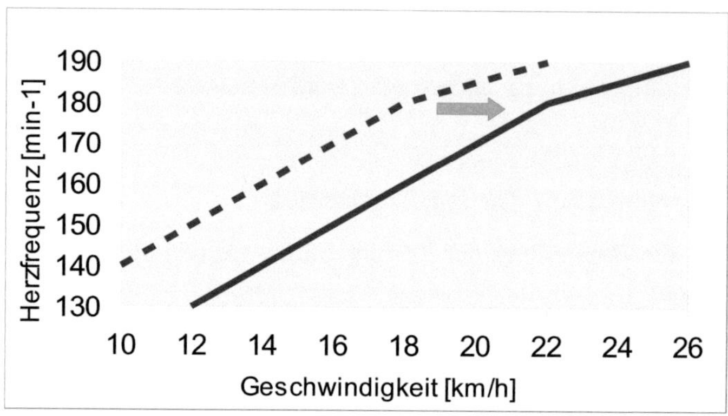

Abb.: Rechtsverschiebung der Kurve

2. Flacherer Kurvenverlauf

- Trend zu verbesserter Grundlagenausdauer

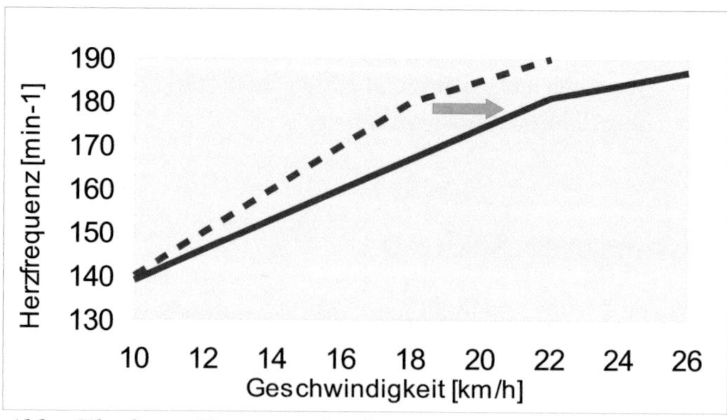

Abb.: Flacherer Kurvenverlauf

3. Steilerer Kurvenverlauf / gleichbleibender Deflektionspunkt

- Trainingsschwerpunkt wurde auf intensivere Belastungen gelegt
- höhere motorische Leistungsfähigkeit der Muskulatur

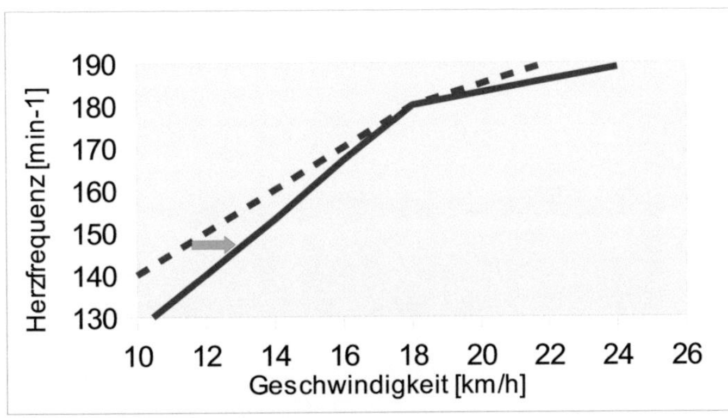

Abb. : Steilanstieg der Kurve

4. Kein Deflektionspunkt sichtbar

- mangelnde anaerobe Leistungsfähigkeit

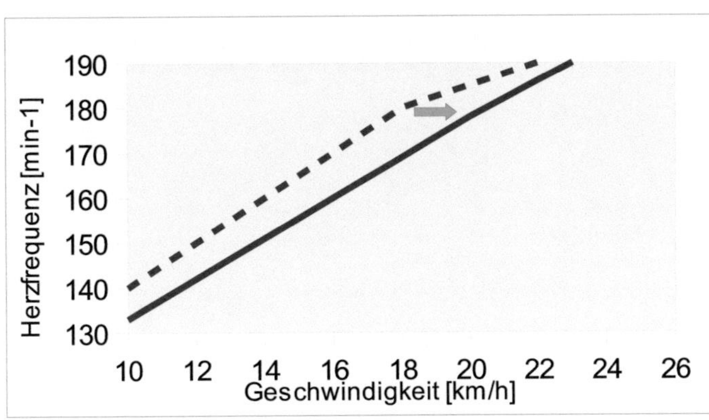

Abb. 11/5: Kurve ohne Deflektionspunkt

Trainingsplanung

Sportliche Höchstleistungen erfordern eine zielgerichtete und systematische Trainingsplanung unter Berücksichtigung der bereits im Kapitel „Grundlagen des sportlichen Trainings“ angesprochenen Trainingsprinzipien. Gemeinsam mit einer umfassenden Trainingsprotokollierung sowie eingeschlossener -analyse stellt sie die Basis des Trainingsprozesses dar und dient der gezielten Leistungsentwicklung eines Sportlers.

Grundlage einer individuellen Trainingsplanung sind einerseits das Anforderungsprofil, das sich durch die Sportart ergibt und andererseits die Anpassungsprozesse, die sich nach Trainingsbelastungen im Organismus abspielen. Erkenntnisse, die sich aus dem Trainingsprozess sowie der Trainings-, Wettkampf- und Leistungsanalysen ergeben, fließen immer in die Planung mit ein.

Unter Beachtung des momentanen individuellen Leistungsstandes des Athleten werden ***Trainings- und Leistungsziele*** definiert. Anschließend erfolgt die Festlegung der zeitlichen ***Trainingsstruktur*** mitsamt der Trainingsschwerpunkte in Abhängigkeit von Wettkampfterminen. Das geschieht unter dem Trainingsprinzip der ***Zyklisierung*** in Makro-, Meso- und Mikrozyklen. Eine systematische Darstellung über Ablauf und Einflussgrößen der Trainingsplanung ist in der Abbildung auf der nächsten Seite dargestellt.

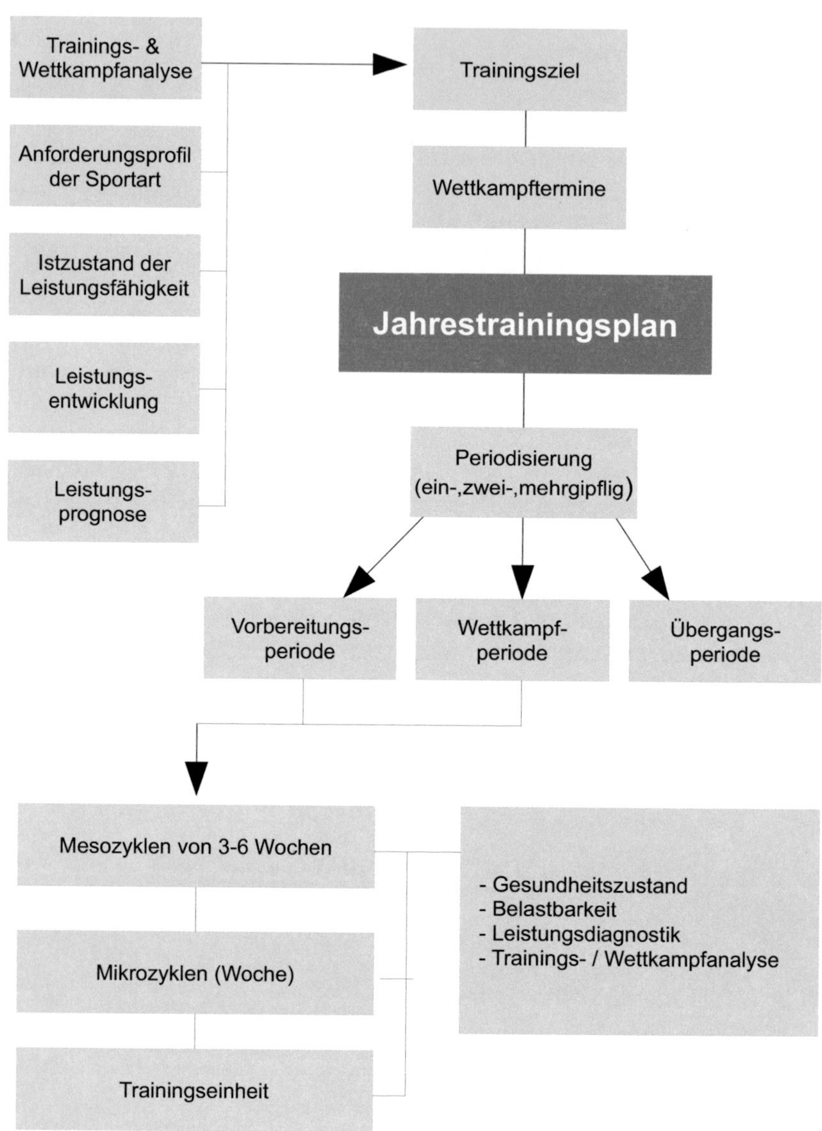

Abb: Ablauf Jahrestrainingsplan (nach Hottenrott & Neumann, 2010)

Klassisches Periodisierungsmodell

Der russische Trainingswissenschaftler Matwejew veröffentlichte 1965 ein erstes Konzept der „***Periodisierung des sportlichen Trainings***". Bis heute bildet es für viele Trainer die Grundlage ihrer Trainingsplanung und -gestaltung. Nachfolgend werden Prinzipien und Planung nach diesem „klassischen Periodisierungsmodell" dargestellt.

Jahreszyklus

Die Jahresplanung orientiert sich an einem oder mehreren Wettkampfhöhepunkten. Dementsprechend wird das Jahr in einen oder mehrere ***Makrozyklen*** eingeteilt. Der Hauptwettkampf ist dann jeweils am Ende eines Makrozyklus. Hier sollte der Athlet seine maximale Leistungsfähigkeit abrufen können.

Die Grundlage ***des Jahrestrainingsplans*** stellen vor allem die folgenden Trainingsprinzipien dar:

- **Prinzip der Zyklisierung**
  Das Trainingsjahr wird gezielt in aufbauende, stabilisierende und reduzierende (erholende) Belastungsphasen unterteilt. Dasselbe Prinzip wird auch kurz- und mittelfristig innerhalb dieser Trainingsphasen angewendet um Überlastungen zu vermeiden und Leistungsspitzen zu Wettkampfhöhepunkten herauszubilden.
- **Prinzip der zunehmenden Spezialisierung**
  Um eine optimale Leistungsentwicklung zu gewährleisten, muss der Anteil des speziellen Trainings während des Jahresverlaufs gegenüber dem allgemeinen Training systematisch erhöht werden.
- **Prinzip der richtigen Belastungsfolge**
  In Abhängigkeit von der Leistungsstruktur sind kognitive, konditionelle und technisch-koordinative Trainingsaufgaben sinnvoll abzustimmen und wirksam zu verknüpfen.

- **Prinzip der permanenten Trainingssteuerung**
  Für die optimale und wirkungsvolle Steuerung des Trainings sind Daten der Leistungsdiagnostik, sowie der Trainings- und Wettkampfanalyse zu erheben, zu nutzen und planbezogen zu werten.

Für die Anwendung mehrerer Makrozyklen im Jahresverlauf können vor allem folgende Gesichtspunkte sprechen:

- Hohe Wettkampfdichte im Trainingsjahr.
- Intensivierung des Trainingsprozesses, d.h. es wird, über das gesamte Jahr die Möglichkeit genutzt, mit einem höheren Anteil an intensiven Trainingsmitteln zu arbeiten.
- Kürzere, sich öfter wiederholende Etappen ermöglichen eine einfachere und bessere Planung und Steuerung.
- Vermeidung von Monotonie und Eintönigkeit im Jahresverlauf und damit eine bessere psychische Stimulierung und höhere Motivation der Sportler.

Gerade Athleten auf hohem Leistungsniveau, die im Jahresverlauf auch an mehreren Wettkämpfen auf hohem Niveau teilnehmen wollen, profitieren von mehreren kürzeren Makrozyklen. Hier wird in der Weltklasse auch vermehrt nach dem Prinzip der Blockperiodisierung trainiert: der Sportler arbeitet mit einer ausgeprägten Blockbildung für die Herausbildung einzelner konditioneller Fähigkeiten. Der Grund liegt darin, dass es vor allem auf hohem Leistungsniveau extrem schwierig wird mehrere konditionelle Fähigkeiten parallel weiter zu entwickeln. Aber auch Athleten auf niedrigerem Leistungsniveau profitieren von dieser Herangehensweise. Klassisches Beispiel ist das Trainingslager von Radsportlern zum ausgeprägten Training der aeroben Ausdauer mit langen Radausfahrten. Wir werden im Laufe des Kapitels noch ausführlicher auf dieses Prinzip und die Möglichkeiten eingehen, die sich aus der Blockperiodisierung ergeben.

Makrozyklus

Der Makrozyklus erstreckt sich über mehrere Monate. Als Minimum für eine sinnvolle Planung gelten 2,5 bis 3 Monate. Innerhalb des Jahreszyklus werden im Ausdauersport normalerweise ein bis maximal drei Makrozyklen durchgeführt.

Der Periodisierung innerhalb des Makrozyklus liegt eine systematische Belastungserhöhung und Spezialisierung hin zum Hauptwettkampf am Ende des Zyklus zugrunde. Um die Steigerung der Belastung und Spezifik sicherzustellen, orientiert man sich an folgenden Richtlinien:

- Wechsel der Trainingsreize im Zyklusverlauf
- allmähliche Zunahme der Disziplinspezifik
- allmähliche Erhöhung der intensiven Trainingsinhalte
- allmähliche Erhöhung der Belastungswiderstände im Kraftausdauertraining
- Blockbildung spezieller Trainingsinhalte

Ein weiteres entscheidendes Merkmal der gezielten Entwicklung der sportlichen Form innerhalb des Makrozyklus ist die Einteilung in bestimmte Phasen:

1. Schaffung sportlicher Grundlagen & Herausbildung der wettkampfspezifischen sportlichen Form

   → **Vorbereitungsperiode**

2. Relative Stabilisierung & Ausprägung der wettkampfspezifischen sportlichen Form

   → **Wettkampfperiode**

3. zeitweiliger Verlust der sportlichen Form

   → **Übergangsperiode**

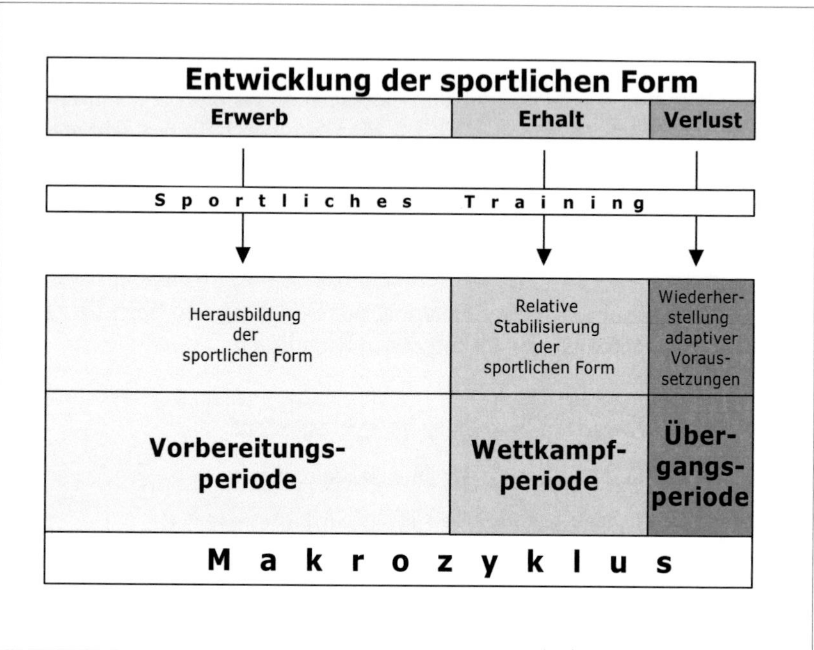

Abb.: Entwicklung der sportlichen Form im Makrozyklus

Dauer und Inhalt der einzelnen Perioden sind abhängig von der Anzahl der Makrozyklen im Jahreszyklus. Wenn ein Jahr mit zwei oder mehr Makrozyklen geplant wird, trägt der erste Makrozyklus einen klaren Basischarakter. Er umfasst vorwiegend ein komplexes Training und Teilnahme an zweitrangigen Wettkämpfen. In der weiteren Saisonphase wird das Training dann mit einer gezielteren Wettkampfvorbereitung wesentlich spezifischer gestaltet, so dass dann die maximale individuelle Leistungsfähigkeit des Athleten zu den wichtigen Wettkämpfen erreicht wird.

Der Hauptwettkampf einer Periode ist immer an das Ende des entsprechenden Zyklus zu terminieren. Hier sollte die individuelle maximale Leistungsfähigkeit abgerufen werden können.

Für die Länge der einzelnen Perioden im Makrozyklus kann das folgende Schema als Orientierung herangezogen werden.

Anzahl Makrozyklen im Jahr	Gesamtanzahl Wochen	Wochen pro Periode		
		Vorbereitung	Wettkampf	Übergang
1	52	≥32	10 - 15	4 - 6
2	24 - 28	12 - 15	6 - 10	2 - 4
3	16 - 18	≥8	3 - 5	2 - 3

Tab: Wochenverteilung Makrozyklus (nach Bompa, 2009, modifiziert)

Die Vorbereitungsperiode ist die Trainingsphase, in der die physiologischen Grundlagen für die Wettkampfperiode gelegt werden. In der Wettkampfperiode wird die spezifische Leistungsfähigkeit maximiert, so dass der Athlet jeweils am Ende der Wettkampfperiode die maximale Leistungsfähigkeit abrufen kann. Sind in der Vorbereitungsphase keine entsprechenden Grundlagen gelegt worden, so kann der Athlet keine optimalen Wettkampfleistungen abrufen!

Im Laufe des Makrozyklus werden zunächst der Umfang und anschließend vor allem die Intensität kontinuierlich gesteigert. Mit steigender Intensität wird der Umfang in der Wettkampfperiode dann wieder zurückgenommen.

Nach der Wettkampfphase dient die Übergangsphase der physischen sowie psychischen Erholung. Denn Wettkämpfe und intensives Training sind für den Organismus großer Stress, der sich in einer anhäufenden Ermüdung äußert. Wird dem nicht rechtzeitig gegengesteuert, so kann dies auch in Übertraining resultieren und die Leistungsfähigkeit massiv beeinflussen.

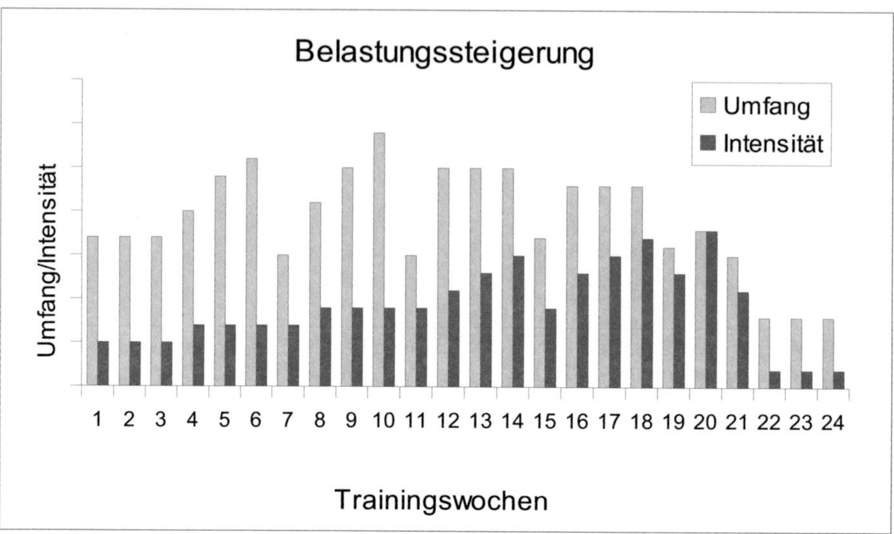

Abb: Exemplarische Umfangs- und Intensitätsgestaltung im Makrozyklus

Trainingsschwerpunkte

Die Vorbereitungsperiode wird normalerweise in drei Etappen (Mesozykl-en) unterteilt, die je nach Jahresperiodisierungsschema innerhalb eines Makrozyklus entfallen oder teilweise zusammengefasst werden können. Innerhalb der einzelnen Etappen werden folgende Schwerpunkte gesetzt:

Vorbereitungsperiode, Phase 1:

- Verbesserung von Grundlagen- und Kraftausdauer mit Training im aeroben Bereich.
- Erhöhung der Belastungsverträglichkeit durch allgemeines Athletiktraining.
- Schulung von Technik und Motorik durch Schnelligkeits- und Koordinationstraining.

⇒ ***hauptsächlich niedrige bis mittlere aerobe Belastungen sowie Technik & Motorik***

Vorbereitungsperiode, Phase 2:

- Verbesserung der Grundlagen- und Kraftausdauer mit erhöhtem Trainingsanteil im aerob/anaeroben Übergangsbereich.
- Reduzierung des allgemeinen Athletiktrainings.
- Erhöhter Umfang und Intensität des Krafttrainings.
- Disziplinspezifische Blockbildung in Mikrozyklen.

⇒ ***vermehrt umfangreiche aerobe Belastungen***

Vorbereitungsperiode, Phase 3:

- Schaffung wettkampfspezifischer Leistungsgrundlagen durch den Vermehrten Einsatz anaerober Trainingsinhalte.
- Ausprägung wettkampfspezifischer Kraftfähigkeiten durch den Einsatz intensiven spezifischen Kraftausdauertrainings.
- Einsatz einer Gipfelbelastung zur maximalen Ausprägung der Grundlagen- und Kraftausdauerfähigkeiten.

⇒ ***weitere Belastungssteigerung durch vermehrt anaerobe Trainingsanteile in der Belastungszone 4 und Gipfelbelastung in den Belastungszonen 2 & 3 für die maximale Ausprägung der Grundlagen- und Kraftausdauer***

Wettkampfperiode:

- Ausprägung und Stabilisierung der wettkampfspezifischen Ausdauer durch intensive Trainings- und Wettkampfbelastungen.
- Stabilisierung der Grundlagenausdauer durch aerobe Trainingsinhalte.

⇒ ***Stabilisierung auf hohem Niveau durch sehr intensive sowie aerobe Inhalte, Vermeidung großer Umfänge im aerob/anaeroben Übergangsbereich***

Übergangsperiode:

- Belastungsreduzierung
- Alternativtraining

  ⇒ ***psychische und physische Erholung***

Krafttraining im Makrozyklus

Das Krafttraining erfolgt entsprechend der Periodisierung des Trainingsjahres. Für das Krafttraining empfiehlt sich im Ausdauersport generell die folgende Abfolge:

Vorbereitungsperiode, Phase 1: Kraftausdauertraining, Eingewöhnung

- Durch hohen Wiederholungszahlen des Kraftausdauertrainings werden die Stoffwechselvorgänge im Muskel optimiert und damit vor allem die Ermüdungswiderstandsfähigkeit verbessert. Damit setzt man in dieser Phase die Voraussetzungen für die nachfolgenden intensiveren Krafttrainingszyklen. Ist bereits Erfahrung mit Krafttraining vorhanden, so kann diese Phase kürzer, bzw. auch ganz ausfallen und schneller mit dem Muskelaufbautraining begonnen werden.

Vorbereitungsperiode, Phase 2 : Muskelaufbautraining

- Durch die verminderten Wiederholungszahlen und höheren Intensitäten wird in dieser Trainingsphase das Muskelwachstum stimuliert. Das ist die Voraussetzung für höhere Kraftleistungen in der Spezialsportart.

Vorbereitungsperiode, Phase 3 : Maximalkrafttraining

- In dieser Phase spielen sich Anpassungen im wesentlichen auf neuromuskulärer Ebene ab, also im Zusammenspiel von Muskulatur und Nervensystem. Als gute Ergänzung dienen hier auch das Schnellkraft- sowie plyometrische Training.

Wettkampfperiode:

- Krafterhalt durch reduziertes Maximalkrafttraining

Übergangsperiode:

- Verzicht auf Krafttraining zur physischen & psychischen Regeneration

Phase	VP 1 Kraft-ausdauer	VP 2 Muskel-aufbau	VP 3 Maximal-kraft	WP Maximal-kraft
Intensität [%]	40 - 60	60 – 80	85 – 95	80 – 90
Wiederholungen	15 – 20	8 – 12	2 – 6	4 – 8
Sätze	2 – 5	2 – 3	3 – 5	3 – 4
Training/Woche	2 – 3	2	1 – 2	1

Tab: Richtwerte fürs Krafttraining im Makrozyklus

Das ***allgemeine Athletiktraining*** wird über das ganze Jahr durchgeführt, der Schwerpunkt liegt am Beginn der Vorbereitungsperioden. Diese Training sichert auch eine hohe allgemeine Belastungsverträglichkeit und hilft Überlastungsschäden und Verletzungen zu vermeiden.

Mesozyklus

Ein Mesozyklus erstreckt sich normalerweise auf einen Zeitraum von vier bis sechs Wochen. Vorgestellt haben wir das Prinzip bereits bei der Planung des Makrozyklus, in dem die Vorbereitungsperiode in drei unterschiedliche Phasen eingeteilt wurde. Wie bereits im Kapitel „Grundlagen des sportlichen Trainings“ angesprochen, vollziehen sich in diesem Zeitraum stabile Anpassungen im Organismus, so dass mit jeder neuen Phase ein neuer Trainingsschwerpunkt gelegt werden kann.

Die Grundlage ***eines Mesozyklus*** stellt vor allem das Prinzip der optimalen Relation von Belastung und Erholung dar. Nach einer belastenden Trainingsphase muss immer auch eine Phase der Entlastung folgen um dem Organismus Zeit zu morphologischen und funktionellen Trainingsanpassungen zu geben. Anschließend können neue Reize und im nächsten Mesozyklus auch andere Trainingsschwerpunkte gesetzt werden.

Es hat sich bewährt, nach zwei bis drei Wochen eine Phase reduzierter Belastung einzuplanen um dem Athleten die dringend notwendige Regenerationsphasen zu verschaffen. Danach kann er frisch und ausgeruht in die nächste Trainingsphase starten. Varianten für einen sechswöchigen Mesozyklus sind in den nachfolgenden Abbildungen dargestellt.

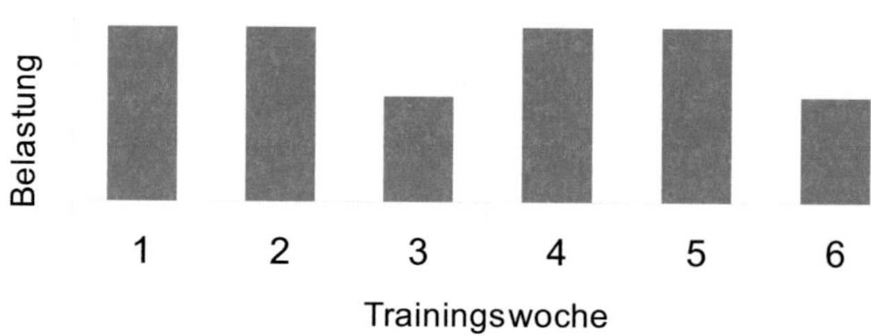

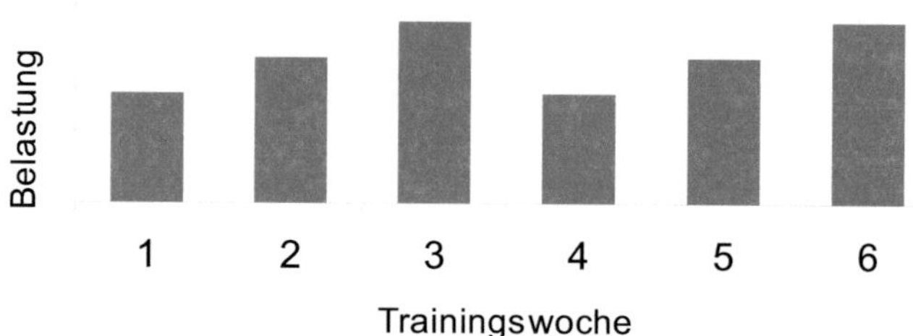

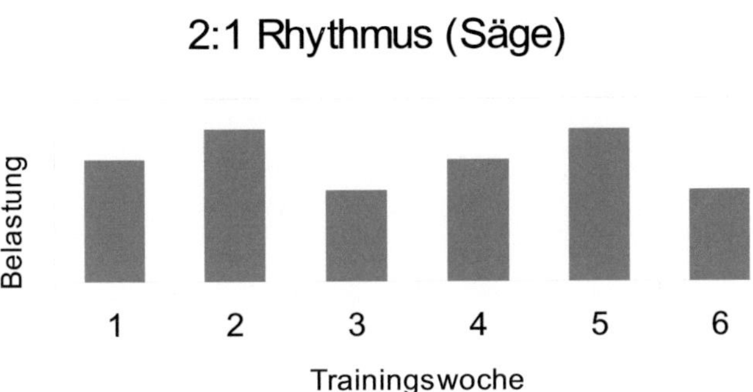

Wochenplanung

Auch die Wochenplanung ist stark von der optimalen Relation von Belastung und Erholung geprägt. Daher wechseln sich im Wochenverlauf Tage hoher Belastung mit Tagen niedrigerer Belastung ab. Die Trainingsbelastung ergibt sich dabei sowohl aus dem Trainingsumfang als auch der -intensität. Auch hier kann man mit unterschiedlichen Strukturen arbeiten, als beispielhaft dienen die beiden nachfolgenden Schemata als Orientierungshilfe.

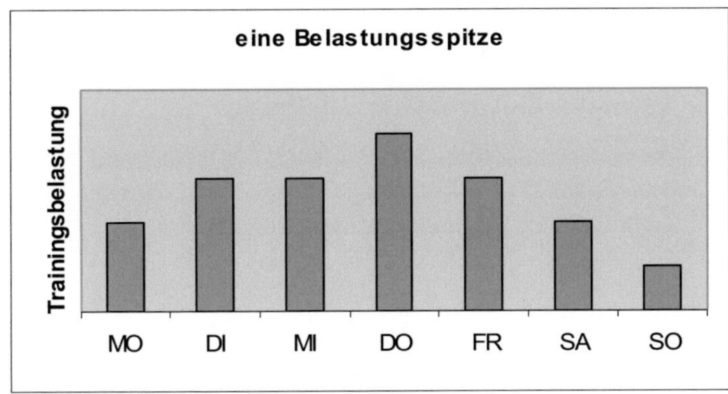

Abb.: Wochenzyklus mit einer Belastungsspitze

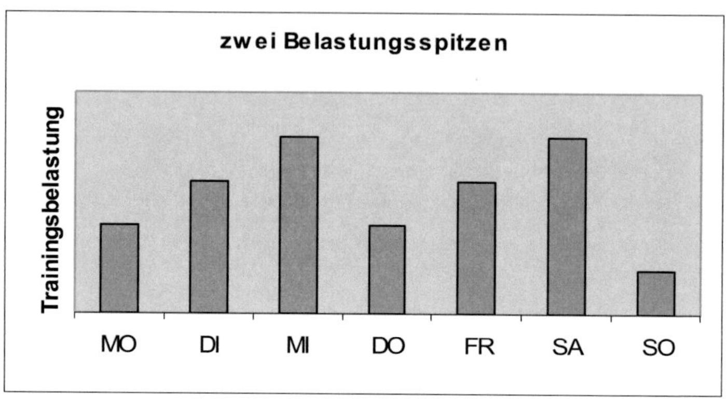

Abb.: Wochenzyklus mit zwei Belastungsspitzen

Die Steuerung der Trainingseinheiten erfolgt so, dass sie optimal in die gewünschte Zielsetzung des übergeordneten Mesozyklus passen. Generell kann man innerhalb des Mikrozyklus mit zwei unterschiedlichen Arten der Belastungsgestaltung arbeiten:

1. **gleichgerichtete Belastung**

   die einzelnen Trainingsinhalte des Mikrozyklus sind durch gleichartige Wirkrichtungen gekennzeichnet, das heißt, dass in den verschiedenen Trainingseinheiten vor allem eine konditionelle Fähigkeit herausgebildet wird.

2. **unterschiedlich gerichtete Belastungen**

   die einzelnen Trainingsinhalte des Mikrozyklus sind durch unterschiedliche Wirkrichtungen gekennzeichnet, das heißt, dass die Leistungsfähigkeit komplex herausgebildet wird.

Die Struktur der gleichgerichteten Belastungen kommt vor allem in der zweiten Phase der Vorbereitungsperiode zum Einsatz, unterschiedlich gerichtete Belastungen haben sich zur Schaffung allgemeiner Grundlagen in der ersten Phase der Vorbereitungsperiode sowie in der Wettkampfperiode bewährt. Sie dienen vor allem dem Erhalt der einzelnen Fähigkeiten und zur psychischen und physischen Regeneration.

Unabhängig von der Art der gewählten Belastungsgestaltung muss innerhalb einer Trainingswoche eine sinnvolle Abfolge der Trainingseinheiten geplant werden. Das effektive Training der einzelnen konditionellen Fähigkeiten bedarf unterschiedlicher physischer Voraussetzungen. Benötigt das Training der maximalen Schnelligkeit beispielsweise einen sehr erholten Zustand, so kann das Krafttraining für den Muskelaufbau auch in leicht ermüdetem, das Training der aeroben Ausdauer sogar noch in stark ermüdetem Zustand absolviert werden. Generell gilt: Schnelligkeit, Koordination und alle intensiven Einheiten sollten in erholtem und frischem Zustand durchgeführt werden. Die nachfolgende Grafik verdeutlicht die Voraussetzungen und kann als Hilfsmittel für die Gestaltung und Abfolge der Trainingseinheiten in der Wochenplanung hinzugezogen werden.

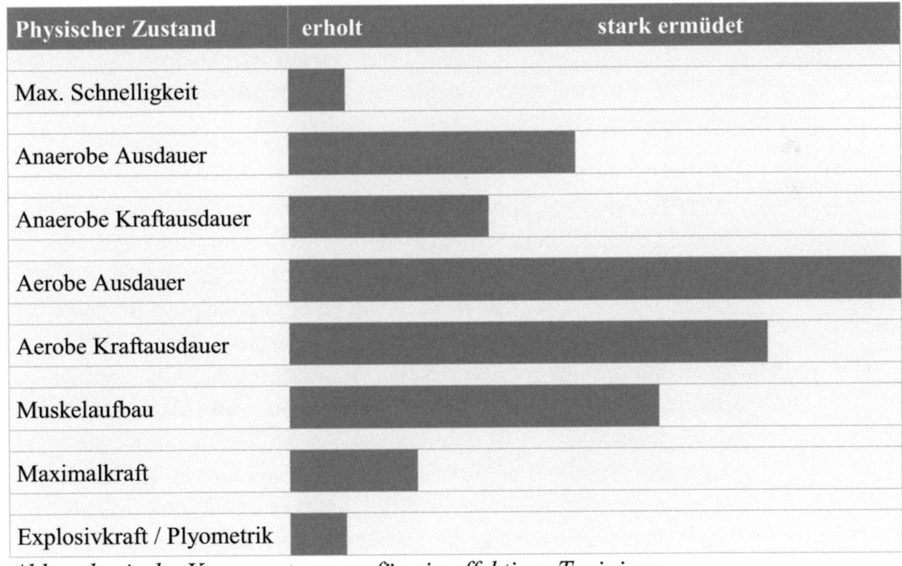

Abb.: physische Voraussetzungen für ein effektives Training

Ausdauer- und Krafttraining

Wie sollten Kraft- und Ausdauertraining innerhalb der Wochenplanung strategisch platziert werden? Um die Regeneration nicht zu beeinträchtigen sollte am „Ruhetag", beziehungsweise Tagen niedriger Belastung, kein Krafttraining absolviert werden. Hier empfiehlt sich eher lockeres funktionelles Krafttraining zur Schulung der Sensomotorik oder/und ein Training der Rumpfmuskulatur. Das Krafttraining der „Antriebsmuskulatur", das auch mit schweren Gewichten im Kraftraum durchgeführt wird und größeren „muskulären Stress" auslöst, wird an einem normalen Trainingstag durchgeführt.

Werden innerhalb einer Trainingseinheit mehrere konditionelle Elemente angesprochen, so gilt: Koordination vor Schnelligkeit vor Kraft vor Ausdauer. Für die Steigerung der Trainingseffektivität ist es allerdings vorteilhaft konditionelle Fähigkeiten isoliert voneinander zu trainieren.

Werden also Ausdauer- und Krafttraining auf zwei Einheiten an einem Tag verteilt, dann ist die Frage in welcher Reihenfolge dies am Besten stattfinden sollte. Dazu muss man wissen, dass es auf muskulärer Ebene zwei unterschiedliche Enzyme gibt, die für die Trainingsanpassung der jeweiligen Fähigkeiten verantwortlich sind:

- **AMPK** (AMP-aktivierte Proteinkinase): die Aufgabe des Enzyms besteht darin, Zellen vor ATP-Mangel, also Energiemangel, zu schützen. Reguliert wird die AMPK unter anderem über den AMP sowie ATP-Spiegel der Zelle. AMP ist ein Abbauprodukt von ATP und daher ein geeigneter Indikator für Energiemangel. AMPK stellt damit einen entscheidenden Auslöser für Anpassungen an Ausdauertraining auf muskulärer Ebene dar. Um AMPK zu produzieren muss viel ATP gebildet werden. Studien haben gezeigt, dass dies vor allem bei intensivem Ausdauertraining der Fall ist. Hier ist das AMPK Level im Körper wesentlich höher. Kurze, dafür aber sehr intensive Intervalle versprechen daher zumindest auf muskulärer Ebene stärkere Anpassungen für die Ausdauer. Bewährt hat sich in diesem Zusammenhang auch die progressive Gestaltung von Ausdauer-Trainingseinheiten, also mit einer Endbeschleunigung zum Trainingsende hin.

- **mTORC1**: dieses Enzym ist Bestandteil eines Proteinkomplexes, der unter anderem die Bildung von Proteinen reguliert und so das Zellwachstum und den Zellzyklus steuert. Das Enzym entfaltet seine Wirkung vor allem nach dem Krafttraining und ist bis zu 6 Stunden danach besonders aktiv. Begünstigt wird eine hohe mTORC1 Ausschüttung vor allem durch eine hohe Trainingsintensität, durch exzentrische (nachgebende) Belastungen sowie das Vorhandensein bestimmter Aminosäuren (vor allem Leucin, BCAA's). Die zusätzliche Einnahme dieser Aminosäuren unmittelbar vor und nach dem Training kann also durchaus die Wirkung des Krafttrainings unterstützen.

Die beiden Enzyme arbeiten nun gewissermaßen „gegeneinander". Optimale Anpassungen ergeben sich vor allem dann, wenn nur jeweils einer der beiden Stoffe im Körper wirkt. Da das für das Krafttraining wirksame Enzym bis zu 6 Stunden und mehr nach Trainingsende seine Wirkung entfaltet, sollte in diesem Zeitraum möglichst kein Ausdauertraining stattfinden. Nach dem Ausdauertraining entsteht eine solche Problematik nicht, da das wirksame Enzym während des Trainings ausgeschüttet wird.

Somit bietet es sich bei zwei Trainingseinheiten am Tag an, dass das Ausdauertraining am Vormittag und das Krafttraining am Abend absolviert werden. Ein weiterer Vorteil dieser Vorgehensweise ist die Auswirkung auf die körpereigene Testosteronausschüttung und die damit verbundenen positiven Wirkungen auf den anabolen (aufbauenden) Stoffwechsel. Vor allem ein Abend-Training mit hohen Gewichten fördert den Anstieg dieses Hormons über Nacht. Bereits ein 15 bis 20-minütiges intensives Maximalkrafttraining reicht dafür aus. Unterstützen kann man dies dann zusätzlich durch eine proteinreiche Abendmahlzeit mit verminderter Kohlenhydrataufnahme. Auch das begünstigt diesen anabolen Effekt und verbessert die Regeneration.

Trainingsblöcke

Trainingsblöcke absolviert man um Gipfelbelastungen zu generieren. Meist werden sie im mittleren bis späteren Verlauf eines Makrozyklus zur weiteren Steigerung der Trainingsbelastung und zur Entwicklung ausgewählter konditioneller Fähigkeiten eingesetzt. Ein klassisches Beispiel ist das Trainingslager am Ende der Vorbereitungsperiode. Hier geht es dann um die maximale Ausprägung der aeroben Ausdauer.

Welchen Vorteil bieten gezielt auf einen oder wenige konditionelle Fähigkeiten ausgerichtete Trainingsblöcke?

- Die konzentrierte Belastung auf eine oder wenige konditionelle Fähigkeiten stellt vor allem auf hohem Leistungsniveau einen optimalen Trainingsreiz dar. Gleichzeitig mehrere konditionelle Fähigkeiten zu steigern ist auf hohem Leistungsniveau äußerst schwierig bis nahezu unmöglich.
- Durch das Training weniger konditioneller Fähigkeiten vermeidet man das gleichzeitige Training miteinander konkurrierender Fähigkeiten.

Die Anpassungen des Organismus verlaufen nicht linear, zu Beginn eines Trainingsblocks sind wesentlich größere Steigerungsraten zu verzeichnen. Nach etwa zwei bis drei Wochen verlangsamt sich die Adaption merklich. Aus diesem Gesichtspunkt bietet sich ein Trainingsblock von eben dieser Dauer an. Danach wird dann das Augenmerk auf andere Fähigkeiten gesetzt und das Training entsprechend verändert.

Der Trainingseffekt, der durch einen Block erreicht wird, verbleibt dann durch den residualen Trainingseffekt auch eine gewisse Zeit auf höherem Niveau. Ein Erhaltungstraining mit deutlich reduzierter Häufigkeit und Umfang für die entwickelte Fähigkeit reicht aus.

Die unmittelbare Wettkampfvorbereitung

Die letzten Wochen vor dem großen Haupt-Wettkampf des Makrozyklus sind entscheidend für die Umsetzung des Trainings der vorausgegangenen Monate. Die Grundlagen sind geschaffen, in dieser Phase geht es darum, diese für die optimale Wettkampfform auszuprägen.

Die Phase der unmittelbaren Wettkampfvorbereitung wird auch als Peak- oder ***Taperphase*** bezeichnet und erstreckt sich über etwa 7-14 Tage. Generell kann man als Richtlinie folgende Ratschläge geben:

- Je länger die Vorbereitungsperiode war und je besser damit die konditionellen Grundlagen gelegt wurden, desto länger kann die Taper-Phase ausfallen.
- Je länger die Wettkampfdistanz ist, desto länger fällt auch die Taper-Phase aus.
- Je älter und trainingserfahrener der Athlet ist, desto länger sollte die Taper-Phase sein.

In dieser Phase wird die physische und psychische Form des Athleten optimiert und auf höchstmöglichen Niveau ausgeprägt. Das umfasst insbesonders:

- ***physisch:*** → Kraftniveau
  → vergrößertes Blutvolumen
  → vermehrte Anzahl roter Blutkörperchen
  → vergrößerte Glykogenspeicher

- ***psychisch:*** → optimale Konzentration auf den Wettkampf
  → verbessertes Selbstvertrauen
  → vermehrte Motivation

Wie geht man die Wochen vor dem Wettkampf am besten an?

Im Prinzip gibt es drei Trainingsparameter, an denen man Änderungen vornehmen kann. Man handhabt es folgendermaßen:

- Die ***Trainingshäufigkeit*** behält man weitestgehend bei.
- Die ***Trainingsintensität*** behält man ebenfalls bei, die Trainingseinheiten spielen sich vor allem im Wettkampftempo ab.
- Die ***Trainingsdauer*** der einzelnen Einheiten wird mehr und mehr reduziert, die letzte Woche vor dem Wettkampf dient dann vor allem der Regeneration.

Es geht vor allem darum, sich über die letzten Wochen vor dem entscheidenden Haupt-Wettkampf einen „***Regenerationsüberschuss***“ zu erwirtschaften.

Wie kann man das konkret umsetzen?

Im Prinzip kann man nach zwei unterschiedlichen Strategien vorgehen, einer progressiven oder einer nichtprogressiven Reduktion der Trainingsbelastung. Die progressive Reduktion kann linear oder exponentiell erfolgen.

Wie aus der Abbildung auf der gegenüberliegenden Seite deutlich ersichtlich ist, beinhaltet die linear progressive Strategie eine höhere Trainingsbelastung als die exponentielle. Untersuchungen (Banister 1999, Zarkadas 1995, Mujika 2002) zeigen eine deutliche Überlegenheit der exponentiellen Strategie, die mit einer Steigerung der wettkampfspezifischen Leistungsparameter um vier bis fünf Prozent aufwartet, während sich das bei einer stufenförmigen Taperstrategie lediglich im Bereich von ein bis eineinhalb Prozent bewegt. Immer beachten sollte man hierbei jedoch die oben angeführten Punkte, vor allem auch Länge der vorher absolvierten Vorbereitungsperiode und die Basis der konditionellen Grundlagen.

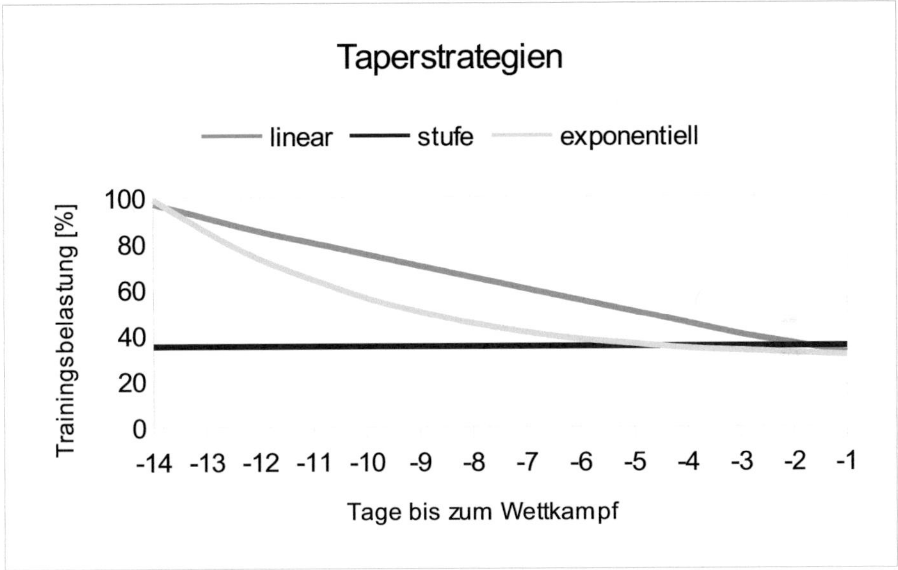

Die vorgestellten Taperstrategien können letztendlich nur als Orientierung dienen. Die Taper-Phase hat viel mit Erfahrung und individuellen Voraussetzungen des Athleten zu tun. Gerade in dieser Phase muss der Athlet auf seinen Körper hören und im Laufe der Zeit Erfahrungen sammeln, was für ihn die individuell beste Strategie der unmittelbaren Wettkampfvorbereitung darstellt.

Blockperiodisierung

Die Grundlagen der traditionellen Trainingsperiodisierung wurden bereits in den 1950er in der ehemaligen UDSSR gelegt. Matveyev etablierte das klassische Periodisierungsmodell dann in den 1960er in der Trainingswissenschaft des damaligen Ostblocks. Im Westen wurde es etwas später übernommen und gilt seither als die universelle Basis für die Trainingsplanung im Sport.

Seit den 1990ern entwickelte sich unter Trainern und Trainingswissenschaftlern allerdings eine rege Diskussion um die Grundlagen und die Effektivität dieses klassischen Periodisierungsansatzes. Vor allem im Hochleistungssport suchte man nach neuen Ansätzen um weitere Leistungssteigerungen zu ermöglichen und den Athleten aufgrund der immer umfangreicheren Wettkampftermine und längeren Wettkampfsaison auch langfristig auf hohem Leistungsniveau zu halten. Einen Lösungsansatz bildet die Blockperiodisierung.

Ein wesentlicher Kritikpunkt an der ***klassischen Periodisierung*** bildet die Vermischung zu vieler Trainingsinhalte und -reize, womit unterschiedliche Fähigkeiten vorwiegend parallel miteinander entwickelt werden sollen. Dieses „***Mischtraining***“ über längere Zeit kann in übermäßiger Belastung, angehäufter Ermüdung sowie gewissermaßen in Konflikten physiologischer Anpassungsvorgänge führen, da sich Fähigkeitsentwicklungen teilweise gegenseitig behindern oder ausschließen. Das Prinzip der Blockperiodisierung setzt dem kürzere Trainingsphasen mit klarem Fokus auf ein bis maximal zwei klar definierten Trainingszielen entgegen.

Man weiß heute, dass der Körper nur eine begrenzte Anzahl an trainingswirksamen Reizen gleichzeitig verarbeiten kann. Kombiniert man beispielsweise in einer Einheit verschiedene Inhalte miteinander, ist der Körper in seiner Anpassungsfähigkeit überfordert. Die Adaption an die gesetzten Reize ist nicht optimal. Eine weitere wesentliche Erkenntnis aus der Trainingswissenschaft ist, dass Trainingsreize eine gewisse Haltbarkeit haben, man spricht vom Residualeffekt des Trainings. Aerobes Training beispielsweise wirkt bis zu 30 Tage nach, während die Wirkung von Schnelligkeitsreizen bereits nach wenigen Tagen verpufft. Die beiden angeführten Punkte bilden die wesentliche Grundlage und den Hintergrund des Blocktrainings. Durch kurze und fokussierte Trainingsblöcke ist ein wesentlich schnellerer Formaufbau in 5-10 Wochen möglich.

Merkmal	Klassische Periodisierung	Blockperiodisierung
Idee	Gleichzeitige Entwicklung unterschiedlicher motorischer / konditioneller Fähigkeiten	Aneinanderreihung der Entwicklung unterschiedlicher motorischer / konditioneller Fähigkeiten
Aufbau	In Trainingsperioden	In Blöcken und Mesozyklen
Priorität	Umfang und Allgemeines vor Intensität	Intensität und Konzentration vor Umfang
Zielrichtung	Zunehmende Belastung, verzögerter Trainingseffekt	Zunehmende Belastung, Anpassung unter Beachtung der Resteffekte
Trainings-grundlage	Anhäufende Trainingseffekte	Anhäufende & bleibende Trainingseffekte
Physiologische Grundlage	Anpassung an unterschiedliche, gleichzeitig ablaufende Training zu unterschiedlichen Fähigkeiten	Überlagerung von bleibenden Trainingseffekten, hervorgerufen von hochkonzentrierten Trainingsbelastungen

Tab.: Unterscheidung traditionelle versus Blockperiodisierung

Der entscheidende Unterschied des Blockperiodisierungsmodells gegenüber der klassischen Periodisierung ist die ***Konzentration der Trainingsbelastung*** um trainingswirksame Reize zu generieren und damit sportartspezifische Fähigkeiten auf hohem Trainingsniveau zu stimulieren. Die Folge daraus ist die ***Konzentration auf wenige Trainingsziele*** innerhalb eines Trainingsblocks.

Prinzip der Blockperiodisierung

Was steckt genau hinter dem Prinzip der Blockperiodisierung?

...und wie sieht der trainingswissenschaftliche Hintergrund dazu aus?

Issurin (2007) hat in seinen Untersuchungen dazu folgende Prinzipien mit dem zugehörigen sportwissenschaftlichen Hintergrund dargestellt. Sie liefern die Begründung für die Prinzipien und deren Umsetzung in der Blockperiodisierung.

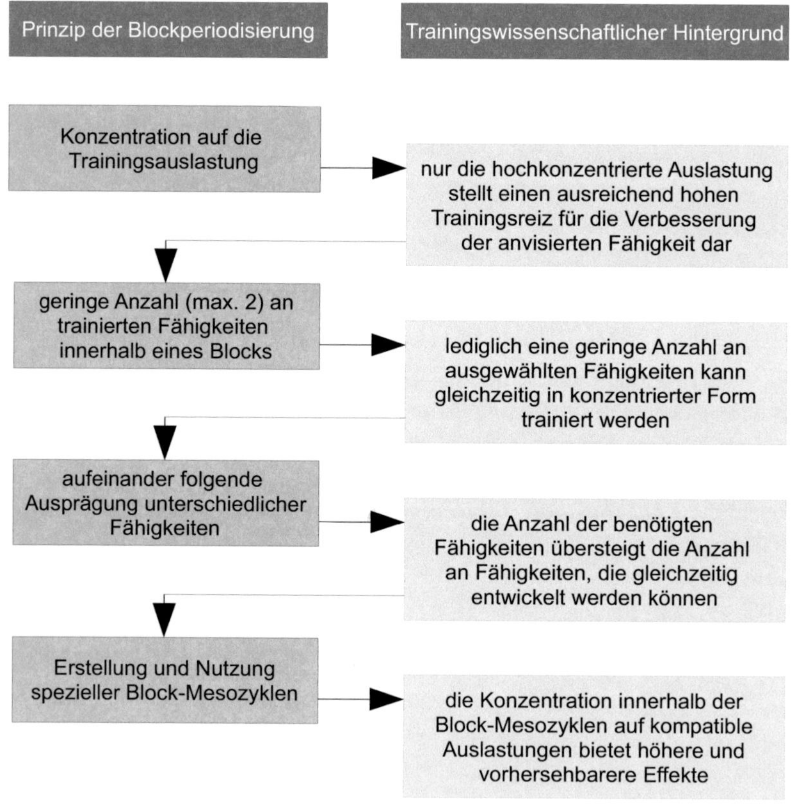

Abb.: Prinzip der Blockperiodisierung (nach Issurin 2008)

Mesozyklen in der Blockperiodisierung

Grundsätzlich arbeitet die Blockperiodisierung mit drei Mesozyklen, die sich in ihrer Zielsetzung und Effekten unterscheiden. Der erste Mesozyklus (Aufbau / Akkumulativer Block) besteht aus 14 bis 30 Tagen und beinhaltet einen Trainingsblock zur Entwicklung allgemeiner Fähigkeiten. Daran anschließend folgt ein weiterer Mesozyklus (Umwandlung / Transmutativer Block) um die wettkampfspezifischen Fähigkeiten auszuprägen. Er dauert 12 bis 25 Tage. Der dritte Mesozyklus (Realisierung / Realisierender Block) über 8 bis 15 Tage dient der unmittelbaren Vorbereitung und dem Tapering für den wichtigsten Wettkampf innerhalb des gesamten Abschnitts. Insgesamt ergibt sich daraus eine Gesamtdauer von fünf bis zehn Wochen. Die wesentlichen Inhalte der einzelnen Mesozyklen können folgendermaßen beschrieben werden.

Aufbaublock (Akkumulation)

- **Schwerpunkt:** Anhäufung von Trainingsreizen
- **Ziel:** Entwicklung grundlegender motorischer, energetischer und technischer Fähigkeiten (aerobe Ausdauer, Maximalkraft, Technik, Koordination)
- **Trainingsvolumen:** hoch
- **Trainingsintensität:** relativ gering
- **Länge:** 14 – 30 Tage, abhängig vom Zeitaufwand für den beabsichtigten ***Trainingseffekt***, Zeitlimit durch den ***Wettkampfkalender***, Platzierung im ***Wettkampfjahr*** (Ende der Saison kürzer)

Umwandlung sblock (Transmutation)

- **Schwerpunkt:** Umwandlung zu spezifischem Leistungsvermögen
- **Ziel:** Entwicklung spezifischer motorischer, konditioneller und technischer Fähigkeiten (anaerobes Leistungsvermögen, spezifische Kraftausdauer, Technikverfeinerung)

- **Trainingsvolumen:** gegenüber Aufbau-Mesozyklus verringert
- **Trainingsintensität:** gegenüber Aufbau-Mesozyklus erhöht
- **Länge:** 12 – 25 Tage, abhängig von der Länge des ***vorausgegangenen Aufbau-Mesozyklus*** sowie des ***verbleibenden Trainingseffekts*** der entscheidenden Fähigkeiten

Realisierender Block

- **Schwerpunkt:** Festigung des Leistungsvermögens und Formzuspitzung
- **Ziel:** unmittelbare Wettkampfvorbereitung und Tapering (Erholung, wettkampfspezifische Schnelligkeit, Taktik)
- **Trainingsvolumen:** gering
- **Trainingsintensität:** hoch

Anpassungen im Organismus verlaufen nicht linear, zu Beginn eines Trainingsblocks sind wesentlich größere Steigerungsraten zu verzeichnen, nach etwa zwei bis drei Wochen verlangsamt sich die Adaption merklich. So bietet sich aus diesem Gesichtspunkt ein Trainingsblock von eben dieser Dauer an. Anschließend wird das Augenmerk auf andere Fähigkeiten gelegt und Trainingsinhalte werden entsprechend verändert.

Beim Blockperiodisierungsmodell spielt der Residualeffekt bei der Planung des Trainings eine entscheidende Rolle: Trainingseffekte, die durch einen Block erreicht werden, verbleiben für eine gewisse Zeit auf hohem Niveau, so dass der Trainingsschwerpunkt im anschließenden Block auf eine andere konditionelle Fähigkeit gelegt werden kann ohne vorher erarbeitete Fähigkeiten zu „verlieren". Im klassischen Periodisierungsmodell spielt der Residualeffekt eine untergeordnete Rolle, hier dominiert die Bedeutung des kumulativen Trainingseffekts, also Veränderungen in Folge einer Serie von Trainingseinheiten. Wie lange Trainingseffekte verbleiben, zeigt die folgende Tabelle, die dabei auch die sinnvolle Abfolge der Trainingsschwerpunkte verdeutlicht.

Konditionelle Fähigkeit	Verbleibender Trainingseffekt (Residualeffekt) [Tage]	Abnehmende Anpassungseffekte
Aerobe Ausdauer	30 +/- 5	▪ Abnahme aerober Enzyme ▪ Abnahme der Mitochondrien ▪ Abnahme der Muskelkapillarisierung ▪ Abnahme der Hämoglobinkapazität ▪ Abnahme der Glykogenspeicher
Maximalkraft	30 +/- 5	▪ Abnahme der Intramuskulären Koordination ▪ Abnahme der Muskelmasse
Anaerobe Ausdauer	18 +/- 4	▪ Abnahme anaerobe Enzyme ▪ Verminderte Laktatpufferung
Kraftausdauer	15 +/- 5	▪ Abnahme der Muskelmasse der ST-Fasern ▪ Abnahme aerob/anaerober Enzyme ▪ Abnahme der Laktattoleranz ▪ Verminderung der lokalen Blutversorgung
Schnelligkeit	5 +/- 3	▪ Abnahme der Intramuskulären Koordination ▪ Abnahme der Kreatinphospatspeicher

Tab.: verbleibende Trainingseffekte (nach Issurin, 2008)

Faktor	Einfluss
Trainingszeit vor Abschluss der Periode	Allgemein verursachen längere Trainingsphasen auch längere Resteffekte
Kalendarisches & Trainingsalter	Ältere & erfahrenere Sportler profitieren von längeren Resteffekten des Trainings
Charakter des Trainings nach Abschluss der konzentrierten Belastung	Höhentraining und Wettkampfteilnahmen verringern die Muskelmasse
Planung spezieller Maßnahmen zur Verlängerung der Resteffekte	Nutzung stimulierender Belastungen nach Abschluss konzentrierter Trainingsphasen ermöglichen die Verlängerung von Resteffekten

Tab.: Faktoren, die die Resteffekte (Residualeffekte) des Trainings beeinflussen

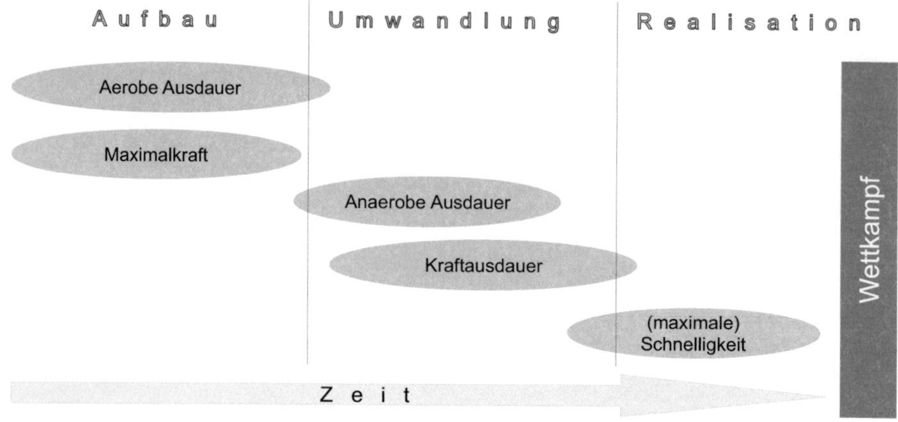

Abb.: Kombination der Block-Mesozyklen unter Berücksichtigung des Residualeffektes (nach Issurin, 2003)

Die Reihenfolge der Block – Mesozyklen wird durch die Besonderheiten und die Dauer der Resteffekte des Trainings der verschiedenen Fähigkeiten bestimmt. Im Idealfall soll der Übergang zu den Wettkämpfen auf einem Niveau der bestmöglichen Kombination von Resteffekten in den leistungsbestimmenden konditionellen Fähigkeiten stattfinden. Bei längeren Mesozyklen besteht die Möglichkeit sowohl in der Umwandlungs- als auch der Realisierungsphase einen Mini-Block von 2-4 Tagen mit Trainingsschwerpunkt des vorherigen Blocks einzusetzen. Er dient der Ausdehnung des verbleibenden Trainingseffekts und hält die entsprechenden Fähigkeiten auf einem hohen Niveau.

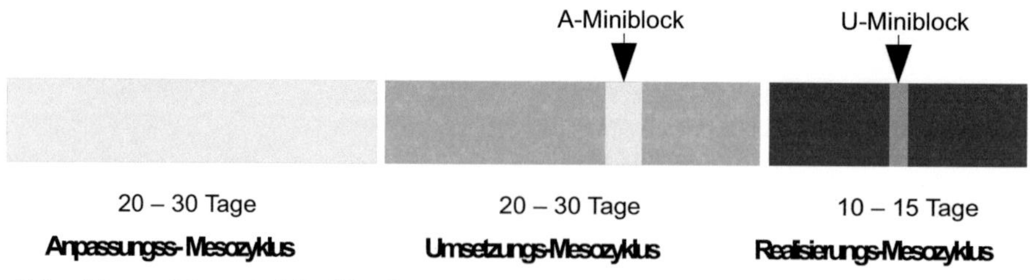

Abb.: Mesozyklen mit Miniblöcken

Im ***Aufbaublock (Akkumulativer Block)*** werden im Training vor allem hohe Umfänge in geringer Intensität absolviert. Das Training der aeroben Ausdauer sowie das der Maximalkraft stehen im Vordergrund. Grundsätzlich sind für die Entwicklung dieser Fähigkeiten lange Adaptionszeiten nötig um auch die notwendigen morphologischen und organischen Anpassungen zu erreichen. Allerdings sind diese Anpassungen bei ausdauertrainierten Sportlern bereits generell auf einem sehr hohen Niveau ausgeprägt, so dass auch kurze Phasen hochkonzentrierter Trainingsbelastungen eine weitere Entwicklung der entsprechenden Fähigkeiten bewirken. Zu Beginn des Trainingsblocks sind die größten Steigerungsraten zu verzeichnen, die Adaption verlangsamt sich nach zwei bis drei Wochen merklich. Je nach Platzierung im Jahresverlauf und momentanen Trainingszustand des Athleten hat sich vor diesem Hintergrund ein Aufbaublock mit einer Zeitdauer von drei bis maximal fünf Wochen am effektivsten erwiesen. Um einem Übertraining entgegenzuwirken sollten auch Phasen mit geringerer Belastung eingeplant werden. Die Trainingsbelastung wird im Laufe des Blocks progressiv gesteigert, ein regenerativer Mikrozyklus zum Ende schafft optimale Voraussetzungen für den direkt anschließenden Umwandlungsblock.

Der ***Umwandlungsblock (transmutativer Block)*** hat die Aufgabe aus den Basisfähigkeiten, deren hohes Niveau im Aufbaublock gelegt wurde, die sportartspezifischen Fähigkeiten auszuprägen. Die Trainingseinheiten beinhalten hochintensive Belastungen und bringen dementsprechend eine stark ausgeprägte Ermüdung des Athleten mit sich. Dem muss unbedingt mit entsprechend eingeplanten Regenerationsphasen entgegengewirkt werden! Sogenannte ***Schlüsseleinheiten*** gewinnen gegenüber dem Aufbaublock zusätzlich an Bedeutung! Das sind die Trainingseinheiten, die das vorrangige Trainingsziel des Mesozyklus entwickeln und die entscheidenden Anpassungsprozesse im Organismus anregen. Im Kapitel „Mikrozyklen in der Blockperiodisierung“ wird bei der Belastungsplanung noch näher darauf eingegangen. Um weiter vom Residualeffekt des Aufbaublocks zu profitieren, wird der Umwandlungsblock meist kürzer als der Aufbaublock geplant. Ansonsten sollte ein Mini-Block von 2-4 Tagen mit dem Trainingsschwerpunkt der vorherigen Phase eingesetzt werden. Ein weiterer wichtiger Gesichtspunkt, der Einfluss auf die Dauer des Umwandlungsblocks hat, ist die bereits angesprochene starke Belastung des Athleten, die im Lauf der

Zeit eine ausgeprägte psychische und physische Gesamtermüdung mit sich bringt. Dies hat Einfluss auf die Adaptionsprozesse im Organismus, die dann nach drei bis maximal vier Wochen mehr oder weniger abgeschlossen sind (Issurin, 2008). Dies stellt damit auch die maximal sinnvolle Länge des Umwandlungsblocks dar.

Der ***Realisierungsblock*** bildet die letzte Phase, die der Festigung des Leistungsvermögens und vor allem der Formzuspitzung hin zum Wettkampf dient. Sie entspricht im wesentlichen der unmittelbaren Wettkampfvorbereitung in der klassischen Periodisierung, so dass man sich an den dort gemachten Vorgaben orientieren kann. Das Ziel ist auch hier die „***Erwirtschaftung eines Regenerationsüberschusses***" über die letzten Wochen vor dem entscheidenden Haupt-Wettkampf. Auch in der Blockperiodisierung können unterschiedliche Taper-Strategien angewendet werden. Entweder man arbeitet mit einer progressiven oder einer nicht-progressiven Reduktion der Trainingsbelastung. Die progressive Reduktion kann linear oder exponentiell erfolgen. Die linear progressive Strategie bedeutet eine deutlich höhere Trainingsbelastung als die exponentielle. Untersuchungen (Banister 1999, Zarkadas 1995, Mujika 2002) zeigen eine deutliche Überlegenheit der exponentiellen Strategie.

Jahresplanung in der Blockperiodisierung

Je nach Wettkampfkalender und Länge der Off-Season können sich in der Planung sowie Anzahl der Trainingsblöcke individuelle Unterschiede ergeben. Prinzipiell geht die Planung immer vom wichtigsten Wettkampf aus. Man plant vom Termin aus rückwärts und legt die Länge der weiteren Blöcke entsprechend weiterer Wettkämpfe fest. Die frühen Blöcke im Trainingsjahr haben dabei vor allem vorbereitenden Charakter und unterscheiden sich von späteren Blöcken, in denen teilweise auch mit kürzeren Aufbau-Mesozyklen sowie längeren Realisierungs-Mesozyklen gearbeitet wird. Schematisch kann das im Jahresverlauf wie in der nachfolgenden Tabelle aussehen.

<table>
<tr><th colspan="6">Vorbereitungsperiode</th><th colspan="9">Wettkampfperiode</th></tr>
<tr><th colspan="3">Abschnitt 1</th><th colspan="3">Abschnitt 2</th><th colspan="3">Abschnitt 3</th><th colspan="3">Abschnitt 4</th><th colspan="3">Abschnitt 5</th></tr>
<tr><td>A</td><td>U</td><td>R</td><td>A</td><td>U</td><td>R</td><td>A</td><td>U</td><td>R</td><td>A</td><td>U</td><td>R</td><td>A</td><td>U</td><td>R</td></tr>
<tr><td colspan="3">10 Wochen</td><td colspan="3">8 Wochen</td><td colspan="3">10 Wochen</td><td colspan="3">6 Wochen</td><td colspan="3">9 Wochen</td></tr>
</table>

Wie erwähnt, unterscheiden sich die einzelnen Mesozyklen im Verlauf des Jahres. In der frühen Phase wird allgemeiner, im finalen Abschnitt wesentlich spezifischer und strikter geplant. Trends in der Planung gibt die folgende Tabelle vor.

Charakteristik	Frühe Saisonphase	Mittlere Saisonphase	Späte Saisonphase
Dominierende Trainingsmethode im Aufbau-Mesozyklus	Dauerbelastung und wechselnde Belastungen	Dauerbelastung, extensive Intervalle	Strikt geplante Intervalle
Dominierende Trainingsmethode im Umsetzungs-Mesozyklus	Dauerbelastung und wechselnde Belastung	Vor allem Intervalltraining	Strikt geplante Intervalle
Vielfalt des Trainings-programms	Große Bandbreite an Übungen	Eingeschränkte Bandbreite an Übungen	Vor allem spezielle Trainingsübungen
Trainings-organisation	Hoher Anteil an individuellem Training	Geringerer Anteil an individuellem Training	Strikter Einsatz geplanten Trainings
Einsatz regenerativer Maßnahmen	Vor allem Übungen: Stretching, Entspannung, Rekom-Training	Höherer Anteil physiotherapeut-ischer Maßnahmen, Mentaltraining	Einsatz individuell effektiver Maßnahmen

Tab.: Charakteristik der Mesozyklen im Saisonverlauf (nach Issurin, 2008)

Mikrozyklen in der Blockperiodisierung

Grundsätzlich gibt es innerhalb der Blockperiodisierung je nach Zielsetzung und Saisonverlauf unterschiedliche Arten an Mikrozyklen. Abweichend zur traditionellen Periodisierung wird nicht strikt mit Wochenperioden gearbeitet, sondern mit einer flexiblen Dauer über 3 bis maximal 9 Tage.

Typ des Mikrozyklus	Absicht	Belastung	Erläuterung	Dauer [Tage]
Anpassung	erste Anregung der Anpassung an die nachfolgende Belastung	mittel	Schrittweises Anheben der Belastung	5 - 7
Belastung	Entwicklung ausgesuchter Fähigkeit	beträchtlich bis hoch	Einsatz großer Belastungen	5 - 9
Stoßzyklus	Fähigkeitsentwicklung mit extremer Trainingsbelastungen	sehr hoch bis extrem	Verwendung & Aufsummierung extremer Trainingsbelastungen zur weitreichenden Ermüdung	4 – 7
Wettkampfvorbereitung	Unmittelbare Vorbereitung auf den Wettkampf	mittel	Einstimmung auf den bevorstehenden Wettkampf, Einsatz wettkampfspezifischer Belastungen	5 - 7
Wettkampf	Wettkampfteilnahme	sehr hoch	Wettkampfdurchführung	1 - 7
Erholung	aktive Erholung	niedrig	Einsatz von Regenerationsmaßnahmen	3 - 7

Tab.: Typen von Mikrozyklen (nach Issurin, 2008)

Schlüsseleinheiten

Wie lässt sich die Belastung innerhalb eines Mikrozyklus am besten strukturieren? Innerhalb der Trainingswoche geben die sogenannten Schlüsseleinheiten das Grundgerüst vor. Das sind die Trainingseinheiten, die das vorrangige Trainingsziel des Mesozyklus entwickeln und die entscheidenden Anpassungsprozesse im Organismus anregen. Weitere Einheiten werden dann dazu ergänzend geplant. Schlüsseleinheiten sollten in ausgeruhtem und frischem Zustand absolviert werden. Für die Trainingseffektivität gelten die selben physischen Voraussetzungen, die bereits in der klassischen Periodisierung bei der Wochenplanung dargelegt wurden. Benötigt das Training der maximalen Schnelligkeit beispielsweise einen sehr erholten Zustand, so kann das Krafttraining für den Muskelaufbau auch in leicht ermüdetem, das Training der aeroben Ausdauer sogar noch in stark ermüdetem Zustand absolviert werden. Die Abbildung auf Seite 90 gibt das Gerüst für die Planung vor.

Schlüsseleinheiten mit hohen Belastungen führen häufig zu großer Ermüdung und damit natürlich auch zu längeren Regenerationszeiten. Deshalb werden innerhalb einer Woche nicht mehr als drei Schlüsseleinheiten geplant. Auf jeden Fall sollte immer bedacht werden, dass innerhalb der Mikrozyklen die Wiederherstellungsprozesse genauso wichtig sind wie die Trainingseinheiten an sich. Werden dringend notwendige Regenerationsphasen ignoriert droht Übertraining!

Einzelne Schlüsseleinheiten, die gut überprüfbar sind und auch regelmäßig durchgeführt werden, haben den Vorteil, dass sich Trainingsfortschritte anhand dieser Einheiten gut nachvollziehen lassen.

Außerdem ist bei der Planung zu beachten, dass die mentale und physiologische Bereitschaft zu hohen Belastungen nach Ruhetagen oft beeinträchtigt ist. Die erste Trainingseinheit nach einem Ruhetag sollte deshalb keine Schlüsseleinheit sein, sondern eher vorbereitenden Charakter haben. Aber auch hier gibt es interindividuelle Unterschiede, so dass es durchaus Athleten gibt denen ein Ruhetag vor einer hohen Belastung gut tut. Hier gilt es die individuell optimale Strategie für jeden Athleten zu finden!

Belastungsvarianten im Mikrozyklus

Ausgehend von den Betrachtungen des vorherigen Abschnitts kann die Planung eines Mikrozyklus folgendermaßen ablaufen:

1. ***Festlegung des primären und des sekundären Trainingsziels (/-inhalts)***, Grundlage sind Makro- und Mesozyklus sowie der unmittelbar vorausgegangene Mikrozyklus.
2. ***Festlegung, Platzierung und Erstellung der Schlüsseleinheiten***, sie sorgen für die wesentlichen Anpassungsreaktionen für das primäre Trainingsziel.
3. ***Festlegung regenerativer Trainingseinheiten und -phasen***, deren strategisch optimale Platzierung für die Wirksamkeit der Schlüsseleinheiten eine entscheidende Bedeutung haben und eine übermäßige Ermüdung des Athleten verhindern helfen.
4. ***Festlegung, Platzierung und Erstellung weiterer entwickelnder und ergänzender Trainingseinheiten***, dies geschieht auch unter besonderer Beachtung der gegenseitigen Beeinflussung unterschiedlicher Trainingsinhalte.

Mögliche Belastungsvarianten mit ein, zwei oder drei Schlüsseleinheiten sind in der nachfolgenden Abbildung dargestellt.

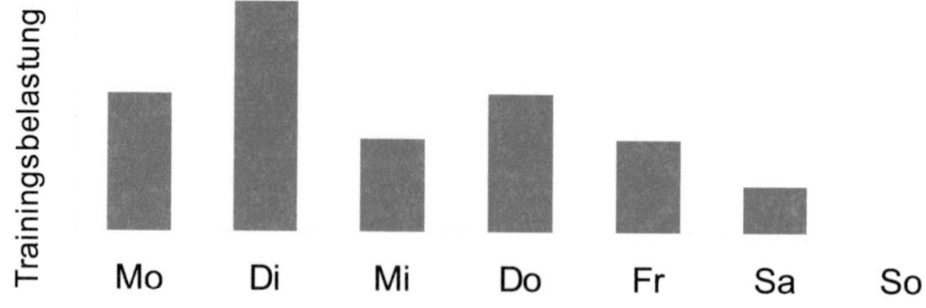

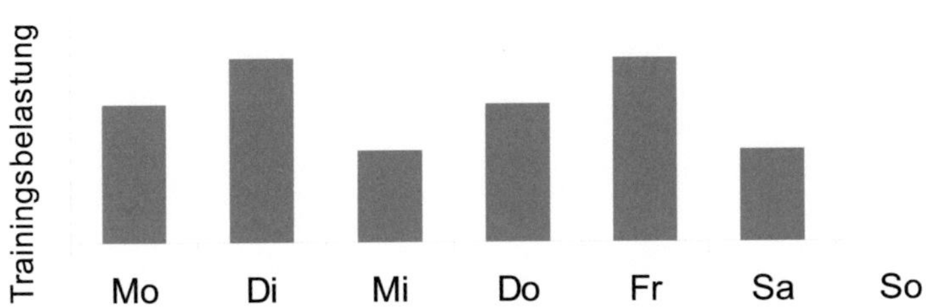

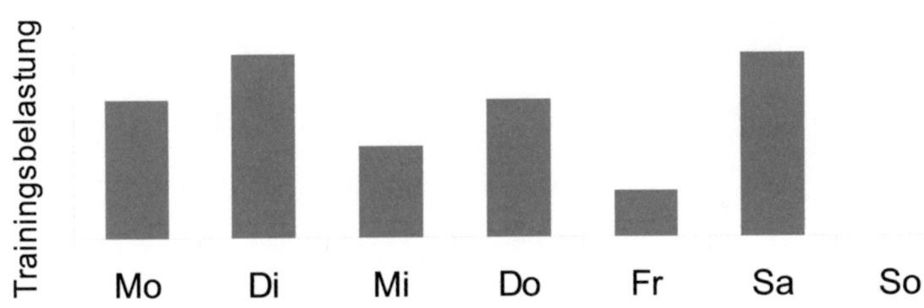

Abb.: Belastungsvarianten im Mikrozyklus (nach Issurin 2008, leicht modifiziert)

Das Problem der Vermischung zu vieler Trainingsinhalte wurde im Kapitel Blockperiodisierung bereits mehrfach angesprochen. Vor allem auf höherem Leistungsniveau kann der Körper nur eine begrenzte Anzahl an trainingswirksamen Reizen gleichzeitig verarbeiten, so dass man sich in einer Trainingseinheit auf einen Schwerpunkt festlegen sollte. Trotzdem gibt es durchaus Möglichkeiten innerhalb einer Einheit auch mehrere Inhalte zu kombinieren und damit zum Teil auch positive Wechselwirkungen zu erzielen. Die nachfolgende Tabelle gibt Hinweise und Anregungen zur Kompatibilität und sinnvollen Belastungskombinationen.

Kombination	Psychische & physische Effekte
aerobe Ausdauer alaktazide Sprints	▪ durchbrechen des monotonen Bewegungsstereotyps ▪ Aktivierung der Muskelfasern, die bei aerobem Training nicht herangezogen werden, nach Sprintbelastungen aber aktiviert bleiben
aerobe Ausdauer aerobe Kraftausdauer	▪ die erhöhte Oxidationsrate kann beim aeroben Krafttraining genutzt werden ▪ Abwechslung bereichert das Training (psychische Abwechslung in langen Ausdauereinheiten)
anaerobe Ausdauer anaerobe Kraftausdauer	▪ die glykolytische Leistung kann in der Kombination unterstützte/normale/erschwerte Bedingungen sehr effektiv genutzt werden ▪ mentale Faktoren der Laktattoleranz werden erhöhten Anforderungen unterzogen
alaktazider Sprint Explosivkraft	▪ anheben des motorischen Trainingsumfangs
Maximalkraft/ Muskelaufbau aerobe Ausdauer	▪ Einleitung der Regeneration (aerobe Ausdauer in geringer Intensität)

Block- versus klassische Periodisierung

Was ist das bessere Planungsmodell?

Die klassische Periodisierung oder das Blockperiodisierungsmodell?

…..kommt drauf an!

Sowohl das klassische als auch das Blockperiodisierungsmodell haben ihre Berechtigung!

Handelt es sich um jüngere oder Athleten auf niedrigem bis mittlerem Leistungsniveau, so bietet das klassische Periodisierungsmodell einige Vorteile. Hier führen schon geringe Trainingsreize zu Adaptionen. Die bei der Blockperiodisierung geforderten intensiven Trainingsbelastungen können ohne entsprechende physische Grundlagen nicht absolviert und toleriert werden, so dass diese Sportler durchaus von einer vielfältigen und abwechslungsreichen Belastungsgestaltung sowohl innerhalb einer Trainingseinheit als auch innerhalb von Mikro-, Meso- und Makrozyklus profitieren. Durch die komplexe Entwicklung aller leistungsrelevanter Fähigkeiten wird die Basis für das spätere Hochleistungstraining gelegt.

Im Hochleistungssport scheint das Blockperiodisierungsmodell der klassischen Periodisierung überlegen zu sein! Es bietet für Athleten, die sich bereits auf einem sehr hohen Niveau bewegen den entscheidenden Vorteil, dass durch die Konzentration der Trainingsbelastung trainingswirksamere Reize generiert werden können. Ein „Mischtraining führt hier zu keiner weiteren Leistungssteigerung. Im Gegenteil. Hier kommen die negativen Interaktionen der unterschiedlichen Trainingseffekte, die beim klassischen Modell durch das Mischtraining auftreten, zum tragen.

Im Blockperiodisierungsmodell muss der residuale Trainingseffekt strikt beachtet werden, beim klassischen Periodisierungsmodell spielt er quasi keine Rolle. Hier wird die Trainingsplanung vor allem auf Grundlage des kumulativen Trainingseffekts aufgebaut.

Regeneration

Auf die außerordentliche Bedeutung der Regeneration im Zusammenhang mit Trainingsplanung und -steuerung wurde bereits mehrfach hingewiesen. Sie hat entscheidenden Einfluss auf die Entwicklung der Leistungsfähigkeit. Gerade hochintensive Trainings- und Wettkampfphasen bergen die Gefahr von Übertraining in sich, so dass ein genauer Blick auf diesen Themenkomplex lohnt.

Einerseits geht es darum, den Ermüdungszustand eines Athleten zu bewerten, so dass drohendes Übertraining frühzeitig erkannt wird. Andererseits auch darum, den Regenerationsablauf im Rahmen der Trainingsplanung und -steuerung mit entsprechenden Maßnahmen wirkungsvoll zu unterstützen.

Um Bedeutung, Wirkungsweise sowie Maßnahmen der Regeneration zu verstehen, unternehmen wir zunächst eine Begriffsbestimmung.

Regeneration bezeichnet Prozesse, die zur Wiederherstellung eines physiologischen Gleichgewichtszustandes führen. Sie stehen immer in Bezug zu einer vorausgehenden Belastung und haben (wieder-) versorgende Funktion.

Auf sportliches Training bezogen, kann man Regeneration auch als ***Umkehr einer trainingsbedingten Ermüdung*** beschreiben. Regenerationsprozesse laufen immer parallel auf unterschiedlichen Ebenen des Organismus ab. Vor allem das Herz-Kreislaufsystem, der Stoffwechsel, hormonelle und immunologische Regulationsmechanismen sowie zentrales und vegetatives Nervensystem sind davon betroffen. Training und Regeneration gehören somit eng zusammen, sie sind zentrale Bestandteile des Trainingsprozesses. Als solches sollten Regenerationsmaßnahmen in der Trainingsplanung berücksichtigt und fest in den Trainingsablauf integriert werden.

Bei mangelhafter Regeneration wird der Körper nur unvollständig mit Nährstoffen versorgt oder hat zu wenig Zeit, diese im Körper an der richtigen Stelle einzubauen. Dauert die Überlastung über längere Zeit an, erfolgt eine übermäßige Ermüdung des Körpers, die zu Leistungsabfall, Verletzungen und Krankheiten führt.

Es gibt zahlreiche Möglichkeiten um die Regenerationsvorgänge im Körper zu unterstützen. Neben einer sinnvollen Trainingsplanung, unter Beachtung der grundlegenden Trainingsprinzipien, baut die optimale Regeneration vor allem auf eine adäquate Ernährung, begleitende psychische und physische sowie zahlreiche weitere passive Maßnahmen. Das grundlegende und wichtigste Element stellt sicherlich eine effektive Trainingsplanung dar. Sie ist für die richtige Balance in der Belastungsgestaltung verantwortlich und orientiert sich an den Trainingsprinzipien sowie dem individuellen Leistungsprofil des Athleten und ist die entscheidende Komponente für dessen Leistungsfähigkeit. Alle weiteren Maßnahmen der Regeneration wirken unterstützend.

Übertraining

Besteht über einen längeren Zeitraum ein starkes Missverhältnis zwischen Belastung und Erholung, so kann es zum Übertraining kommen. In ausgeprägtester Form sogar zu einem Burn-Out. Mit dem Resultat, dass die Leistungsfähigkeit des Sportlers massiv eingeschränkt ist! Dabei setzt sich der Belastungsstress sowohl aus körperlichem Trainings- und Wettkampfstress als auch aus sonstigen Faktoren aus dem sozialen Umfeld zusammen. Übertraining lässt sich nicht ausschließlich an einem Übermaß an Training festmachen sonder ist wesentlich komplexer. Wer in einen Übertrainingszustand geraten ist, muss neben seiner Trainingsplanung auch seine weiteren Lebensumstände analysieren um alle möglichen Gründe zu erfassen.

Übertraining ist die Verschlechterung oder Stagnation der sportlichen Leistungsfähigkeit über einen längeren Zeitraum. Und das trotz unverändertem oder sogar gesteigertem Training ohne zugrundeliegende organische Erkrankung des Athleten.

Übertraining stellt einen gravierenden Einschnitt in die Funktionssysteme des Organismus dar und hat eine Störung der Gesundheit und der sportlichen Leistungsfähigkeit zur Folge. Vom Übertraining abzugrenzen ist ein kurzzeitiges Überfordern des Athleten, das sogenannte Überziehen, das bewusst und geplant als Trainingsmaßnahme eingesetzt wird.

Überziehen

Ein Überziehen ist quasi ein aus trainingsmethodischen Gründen bewusst in Kauf genommenes Kurzzeit-Übertraining. Es handelt sich um eine vorübergehende Leistungsminderung über einen Zeitraum von ein bis maximal zwei Wochen, wie sie beispielsweise in Trainingslagern oder nach hochintensiven Trainingsphasen auftritt. Wird nach der Belastungsphase eine ausreichend lange Regenerationsphase eingelegt, so reagiert der Organismus mit einer ausgeprägten Superkompensation und stark erhöhter Leistungsfähigkeit.

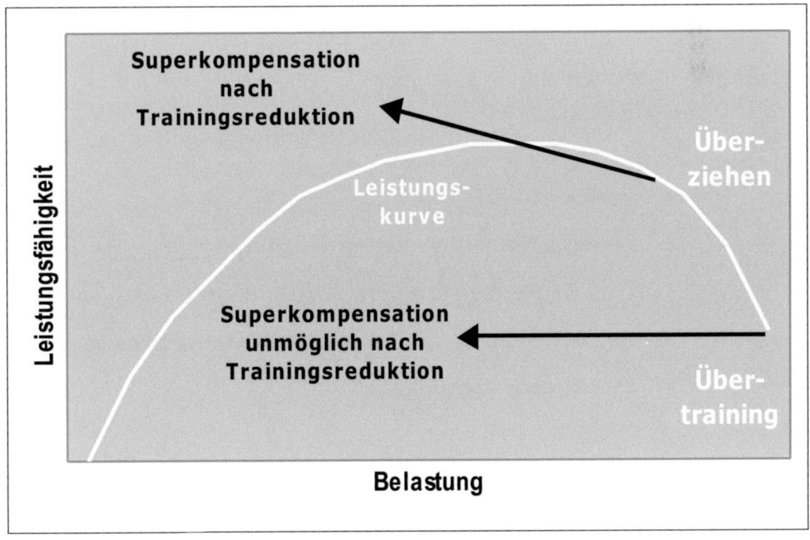

Abb: Überziehen versus Übertraining

Regeneration bedeutet in diesem Zusammenhang eine deutliche Reduktion der Trainingslast um 30 bis 50 Prozent. Außerdem können in dieser Phase verstärkt Maßnahmen eingesetzt werden, die neben dem körperlichen auch das seelische Wohlbefinden steigern.

Werden notwendige Regenerationsphasen vernachlässigt, so kann aus einem trainingsmethodisch gewollten Überziehen schnell ein Übertrainingszustand resultieren. Der Übergang gestaltet sich fließend.

Je länger ein Übertraining andauert, desto mehr wird eine zentrale, vom Gehirn ausgehende, Ermüdung ausgelöst. Wird es längere Zeit ignoriert, so kommt es selbst nach deutlicher Belastungsreduktion zu keiner Superkompensation, der Organismus erholt sich nicht mehr.

Übertrainingssymptome

Ein Übertraining sollte bereits in frühem Stadium erkannt werden. So kann man noch reagieren und die Trainingsplanung entsprechend korrigieren. Ein Übertrainingssyndrom kann sich auf unterschiedliche Art und Weise äußern, einen einzelnen aussagekräftigen Indikator gibt es leider nicht. Dazu ist die Problematik viel zu komplex. Treten aber mehrere der nachfolgend aufgeführten Anzeichen auf, so kann dies als deutliches Indiz auf ein mögliches Übertraining gedeutet werden.

- ***sportmethodische Anzeichen***:
    - Leistungsstagnation oder –minderung
    - Fehleranhäufung in Koordination und sportlicher Technik
    - Beeinträchtigung von Schnelligkeit und Kurzzeitausdauer
    - Verminderte Maximalkraft
- ***Nerven- und hormonelles Steuersystem***:
    - starke Stimmungsschwankungen, erhöhte Reizbarkeit
    - Trainingsunlust

- Konzentrationsschwäche
- Schlaflosigkeit, vor allem Einschlafstörungen
- Appetitlosigkeit
- Magen-/Darm-Beschwerden
- Verschiebungen im Hormonhaushalt zugunsten substanzabbauender Hormone, vermehrte Ausschüttung von Stresshormonen (Catecholaminen)

- ***Muskel- und Energiesystem***:
    - Krampfneigung
    - reduzierte maximale Blutlaktatkonzentration
    - erhöhte Verletzungsanfälligkeit
    - Gewichtsabnahme durch Wasserverlust und entleerte Energiespeicher

- **Herz-Lungen-System:**
    - verändertes Pulsverhalten, erniedrigter Maximalpuls
    - verstärkte Kollapsneigung
    - erhöhte Ruheatmung

Es ist äußerst schwierig ein Übertraining einwandfrei zu diagnostizieren, da die erwähnten Symptome nicht ausschließlich für einen Übertrainingszustand verantwortlich sind. Genauso kann auch eine organische Erkrankung mit ähnlicher Symptomatik zugrunde liegen. Die gilt es zunächst auszuschließen. Auch Blutarmut, ein Mangel an Vitaminen und Spurenelementen, oder Störungen im Mineralhaushalt gilt es zu untersuchen und als Ursachen der Symptomatik auszuschließen.

Was eine Diagnose zusätzlich erschwert, ist die Tatsache, dass es zwei unterschiedliche Arten des Übertrainings gibt, die entweder vom Sympathikus oder dem Parasympathikus des vegetativen Nervensystems beeinflusst und ausgelöst werden.

- Das ***Erregungsübertraining*** (sympathikon) ist leichter zu erkennen und meist recht einfach und schnell zu beheben.
- Das ***Hemmungsübertraining*** (parasympathikon) ist von einem schleichenden Verlauf gekennzeichnet, so dass es meist erst spät erkannt wird und daher längere Behandlungszeiträume in Anspruch nimmt.

Erregungsübertraining (sympathikon)	Hemmungsübertraining (parasympathikon)
Innere Unruhe	Phlegmatische Stimmungslage
Appetitstörungen	Appetit normal
Gewichtsverlust	Gewicht normal
Nachtschweiß	-
Blässe	-
Kopfschmerzen	Klarer Kopf
Schlafstörungen	Schlaf normal
Beschleunigter Herzschlag in Ruhe und unter Belastung eine verlangsamte Herzfrequenz	Verzögerte Herzfrequenzrückstellung nach Belastung, oft Erniedrigung der Ruheherzfrequenz
Grundumsatz erhöht	Grundumsatz normal
Beschleunigte Atmung unter Belastung	Atmung normal
Generell verzögerte Erholung	Erholung normal

Tab.: Symptome von Erregungs- und Hemmungsübertraining

Ein verlässliches Mittel um einen Übertrainingszustand zu diagnostizieren, ist die Betrachtung des zurückliegenden Zeitraums. Dabei ist das Augenmerk nicht nur auf die Belastungs- und Erholungsphasen im Trainingsablauf zu richten. Wichtige Fragestellungen sind ebenso:

- Gab es Stress im Beruf?
- Sind familiäre Belastungen aufgetreten?
- Waren Infekte oder andere Krankheiten?
- Gab es außerordentliche psychische Belastungen?
- Sind ungünstige Wettereinflüsse vorherrschend gewesen?
- War die Ernährung leistungsgerecht und angepasst?
- Gab es genügend Erholungszeiträume (Freizeit zum Abschalten)?
- ....

Therapie

Die einzig wirksame Therapie bei Übertraining ist die Beseitigung der Ursachen. Trainingsintensität und –umfang müssen drastisch reduziert werden, bei starker Symptomatik muss das Training eventuell ganz ausgesetzt werden. Um eine bisherige Trainingsmonotonie zu durchbrechen, können eventuell andere Sportarten in spielerischer Form ausgeübt werden.

Als Faustregel gilt: das Training sollte etwa zwei bis drei mal so lange reduziert, in extremen Fällen sogar ganz ausgesetzt, werden, wie die Entstehung des Übertrainings angedauert hat.

Prophylaxe

Einem Übertraining kann man am Besten entgegenwirken, indem man eine sorgfältige Trainingsplanung und –durchführung vornimmt, die den individuellen Möglichkeiten des Athleten angepasst ist. Um eine optimale Regeneration zu gewährleisten, ist neben trainingsphysiologischen Maßnahmen auch ein günstiges Umfeld mit einem ausgewogenen Sozialleben und alternativen Beschäftigungen von Bedeutung. Das beinhaltet unter anderem:

- Behutsame Belastungssteigerung im Trainingsprozess
- Konsequente Einhaltung von Regenerationsphasen
- Ausgewogene, belastungsangepasste Ernährung, insbesonders die Versorgung mit Magnesium, Eisen und Vitamin D ist zu gewährleisten
- Keine Intensivierung des Trainings auf Kosten bisheriger Regenerationstage
- Nutzung von trainingsbegleitenden, regenerativen Maßnahmen für das körperliche und seelische Wohlbefinden

Regenerationsstatus bewerten

Für die Durchführung weiterer Trainingsmaßnahmen ist es von großem Vorteil, wenn man den aktuellen Regenerationsstatus des Athleten möglichst zuverlässig abschätzen kann. So erkennt man drohendes Übertraining und kann regulierend in den Trainingsprozess eingreifen.

Aber wie kann man den Grad der Regeneration messen und bewerten? Man nutzt den Umstand, dass Regeneration und Ermüdung unmittelbar miteinander zusammenhängen, so dass man durch die Erfassung der Ermüdung auch den aktuellen Regenerationsstatus eines Sportlers sehr gut abschätzen kann. Allerdings ist das nicht ganz trivial: Ermüdungsprozesse spielen sich auf unterschiedlichsten Ebenen des Organismus ab, so dass die Bestimmung eines allgemeinen Ermüdungsstatus schwierig wird. In den letzten Jahren wurden in zahlreichen Studien verschiedenste Marker zu Belastungsreaktionen auf Trainingsstress untersucht. Leider zeigten sich keine eindeutigen und allgemein gültigen Ergebnisse: Sportler reagieren individuell ganz unterschiedlich auf Belastungen. Nach momentanem Kenntnisstand existiert somit kein einzelner Parameter, über den sich der

Grad der Ermüdung eindeutig bestimmen lässt. Trotz allem gibt es Parameter, die wichtige Hinweise liefern.

Einen deutlichen Hinweis auf Ermüdung liefert sicherlich die aktuelle maximale sportartspezifische Leistungsfähigkeit. Ist sie stark eingeschränkt, so kann dies auf ein Regenerationsdefizit hindeuten. Auch einfache Schnelligkeits-, beziehungsweise (Schnell-) Krafttests in maximaler Intensität lassen Rückschlüsse auf die Ermüdung zu.

Neben objektiven Messmethoden sollten Erfahrungswerte und subjektive Eindrücke sowie Befindlichkeiten des Sportlers in die Bewertung der Regeneration einfließen. In diesem Zusammenhang ist eine umfassende und standardisierte Dokumentation von Training und Wettkämpfen äußerst hilfreich. Protokolliert werden Trainingsart (Dauermethode, Anzahl an Intervalle,....), Umfang (Dauer/Strecke) sowie Intensität (Herzfrequenz, Geschwindigkeit, Leistung, Kalorienverbrauch,....) aller Einheiten. Erhöhte Beanspruchungsparameter bei identischen Trainingsbelastungen deuten unter Umständen auf eine mangelhafte Regeneration hin. Aber trotz allem sind die Werte mit Vorsicht zu betrachten, Ursachen können ebenso auf anderen Gegebenheiten beruhen und auf organische Schäden, Infekte oder andere Krankheiten hindeuten.

Stoffwechselparameter

Der Umschlag einer abbauenden (katabolen) in eine aufbauende (anabole) Stoffwechsellage ist nach intensiven Trainingseinheiten ein entscheidendes Kriterium für die Wiederbelastbarkeit im weiteren Trainingsprozess. Das kann durch regelmäßige Bestimmung zentraler Größen des Stoffwechsels beurteilt werden.

Vor allem in Phasen hoher Trainingsbelastung, wie sie beispielsweise in Trainingslagern gegeben sind, können die Marker zur Unterstützung der Belastungssteuerung eingesetzt werden. Dabei nutzt man jeweils die Verlaufsdynamik der morgendlichen Parameter-Konzentration zur Beurteilung der Belastungsverträglichkeit und den Grad der Regeneration.

Serumharnstoff

Serumharnstoff ist ein Endprodukt des Proteinabbaus, der in der Leber gebildet wird. Kommt es durch intensive körperliche Belastungen zu einem verstärkten Proteinabbau, so erhöht sich die Konzentration des Harnstoffs im Blut. Die erhöhte Synthese vollzieht sich nach der Belastung über einen Zeitraum von einigen Stunden bis zu mehreren Tagen.

Die normale Serumharnstoffkonzentration beträgt etwa 5-7 mmol/l, steigt der Wert über 9 mmol/l an, so sollte die Trainingsbelastung deutlich reduziert werden um die Gefahr eines Übertrainings zu vermeiden.

Creatinkinase

Creatinkinase ist ein zellständiges Enzym. Normalerweise ist es nur in sehr geringen Mengen im Blut enthalten. Bei energetischer Überforderung tritt es vermehrt ins Blut über, so dass dieser Umstand für denn diagnostischen Einsatz genutzt werden kann. Die Aktivität steigt bei ungewohnter, intensiver oder lang andauernder Muskelbelastung an.

Die Normalwerte der Creatinkinase liegen bei Männern bei 3,4 µmol/l•s, bei Frauen bei 2,0 µmol/l•s, Werte über 10 µmol/l•s gelten als kritisch.

Insulin und Cortisol

Insulin ist ein Hormon der Bauchspeicheldrüse, das unter anderem den Übertritt der Glukose in die Zelle reguliert. Cortisol gehört zu den körpereigenen Hormonen, die in der Nebennierenrinde hergestellt werden. Bei ansteigendem Insulinspiegel und abnehmender Cortisolkonzentration kann auf eine Zunahme der aufbauenden (anabolen) Prozesse im Organismus geschlossen werden.

Herzschlag

Sind Parameter des Stoffwechsels wegen ihres größeren Bestimmungsaufwands und der benötigter Hilfsmitteln eher Hochleistungssportlern und

Kaderathleten vorbehalten, so bietet die Bestimmung des Herzschlags auch für Freizeitsportler eine einfache und praktikable Möglichkeit den Ermüdungsstatus zu bestimmen und aufkommende Überlastungen frühzeitig zu erkennen. Dabei bedient man sich zweier unterschiedlicher Parameter. Einerseits der Herzfrequenzvariabilität und andererseits der Herzfrequenz, deren Ruhewert ebenso wie der Erholungswert aussagekräftige Werte liefert.

Ruheherzfrequenz

Die Messung der morgendlichen Ruheherzfrequenz kann als einfaches und praktikables Hilfsmittel zur Kontrolle der Belastungsverträglichkeit und den Stand des Wiederherstellungsprozesses dienen. Bei unzureichender Regeneration oder Krankheit kann die Ruheherzfrequenz teilweise deutlich erhöht sein. Eine Schwankungsbreite von bis zu 5% wird dabei noch als Normal angesehen, liegt der Wert aber um mehr als 5% über dem Durchschnitt der vorausgegangenen Tage, so kann dies ein Hinweis auf eine Überlastung und/oder Krankheit sein.

Gemessen wird der Wert morgens unmittelbar nach dem Aufwachen, solange man sich noch in einer liegenden Position befindet.

Orthostatischer Herzfrequenz Test

Der orthostatische Herzfrequenz-Test untersucht das Herzfrequenzverhalten nach dem Aufstehen aus einer liegenden Position. Er wurde vom finnischen Sportphysiologen Heikki Rusko entwickelt und kann helfen, Überlastungen zu erkennen.

Zum Test legt man sich hin und wartet bis sich die Herzfrequenz in Ruhe stabilisiert hat. Normalerweise reichen 2-3 Minuten völlig aus. Anschließend steht man auf und misst die Herzfrequenz im Stehen nach 15, 90 sowie 120 Sekunden. Die Werte werden notiert und mit vorangegangenen Messungen verglichen. Normalerweise hat die Herzfrequenz bei der 15 Sekunden Messung ihren höchsten Wert und sinkt danach wieder langsam ab. Rusko fand heraus, dass Athleten mit erhöhtem Ermüdungsgrad, gegenüber erholten Athleten, in der Zeit zwischen 90 und 120 Sekunden signifikant höhere Herzfrequenzwerte aufwiesen. Eine regelmäßige Anwendung des Tests kann eine Tendenz im Regenerationszustand aufzeigen und ist somit ein einfaches aber sehr praktikables Hilfsmittel für den Athleten.

Herzfrequenzvariabilität

Neben der Herzfrequenz kann auch die Herzfrequenzvariabilität ein wichtiges Indiz für den Regenerationsstatus des Athleten sein. Heute gibt es auf dem Markt bereits zahlreiche Pulsuhrmodelle, die die Erfassung der Herzfrequenzvariabilität ermöglichen.

Das Herz schlägt generell nicht mit absoluter Regelmäßigkeit. Der zeitliche Abstand zwischen zwei Schlägen ist immer unterschiedlich und weicht vom vorherigen ab. Zwischen Herzfrequenz und Herzfrequenzvariabilität besteht ein enger Zusammenhang, da beide Funktionsgrößen durch das autonome Nervensystem beeinflusst werden. Der Organismus passt sowohl Herzfrequenz als auch -variabilität beständig momentanen Erfordernissen an.

Durch körperliche Beanspruchung, oder psychische Belastung, kommt es zu einer Erhöhung der Herzfrequenz bei gleichzeitiger Verminderung der Variabilität. Dabei zeigt sich eine höhere Anpassungsfähigkeit an Belastungen in einer größeren Variabilität der Herzfrequenz. Unter chronischer Stressbelastung ist dagegen beides mehr oder weniger eingeschränkt und infolgedessen reduziert. Dies resultiert aus der dafür typischen beständig hohen Anspannung.

Somit kann die Erfassung der Herzfrequenzvariabilität zur Bestimmung des vegetativen Zustands genutzt werden. Eine Abnahme der Variabilität nach hohen Belastungen deutet auf eine Ermüdung und unzureichende Regeneration hin.

Über einen längeren Zeitraum betrachtet, lässt eine kontinuierliche Zunahme der Herzfrequenzvariabilität auf eine positive Belastungsverarbeitung schließen.

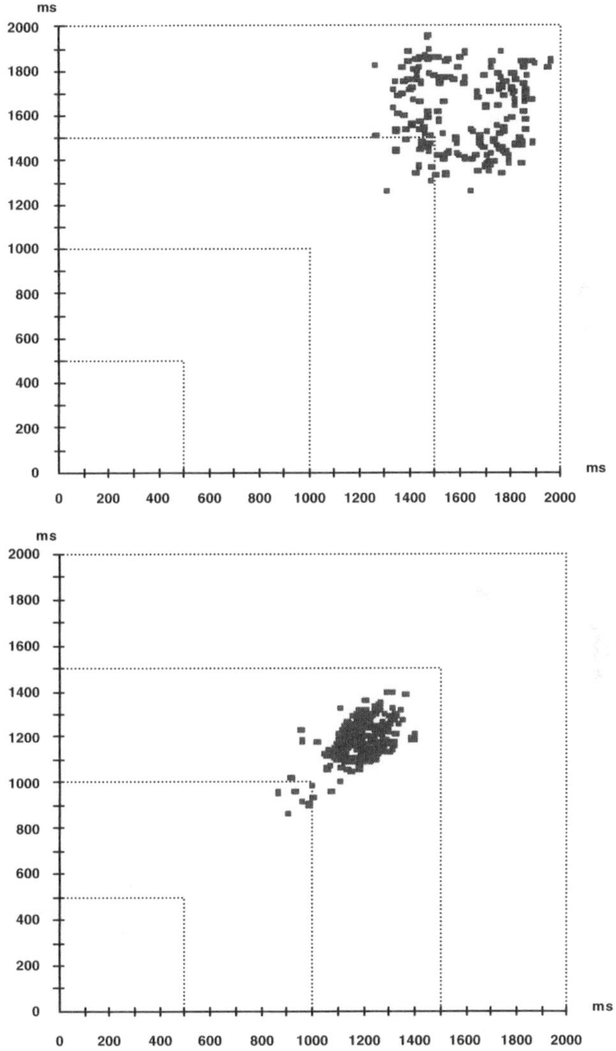

Abb.: Streudiagramme der Herzfrequenzvariabilität, oben in erholtem Zustand, unten einen Tag nach einem intensiven Ironman-Wettkampf

Körpergewicht

Ein schneller Gewichtsverlust ist das Ergebnis von großen Flüssigkeits- und/oder Substratverlusten. Beides beeinträchtigt die Regeneration. Somit kann ein akuter deutlicher Gewichtsverlust ein Hinweis auf eine erschwerte Regeneration darstellen. Regelmäßiges Wiegen vor dem Frühstück kann Defizite aufdecken.

Subjektive Ermüdungsparameter

Neben den bereits beschriebenen Kenngrößen, ist ein wichtiges und bei entsprechender Erfahrung des Sportlers auch recht verlässliches Bewertungsinstrument dessen Selbstwahrnehmung. Anzeichen einer unzureichenden Regeneration können folgende sein:

- verminderte Aufmerksamkeit / Konzentrationsfähigkeit
- reduzierte koordinativ-technische Leistungsfähigkeit
- Atemnot bei Belastungen
- Abgeschlagenheit / Schlafstörungen
- Trainingsunlust / Antriebsschwäche / Stimmungsschwankungen
- Muskelkater / Muskelschmerzen

Subjektive Ermüdungsparameter sind ein wichtiges Kriterium zur Beurteilung des Regenerationszustandes. Sie sind leicht zu erfassen, haben aber einen entscheidenden Nachteil: sie sind subjektiv und damit (bewusst oder unbewusst) vom Athleten beeinflussbar. Als Ergänzung zu den objektiven Bewertungsparametern leisten sie dennoch wertvolle Dienste.

Erholung

Es gibt zahlreiche Möglichkeiten und Mitteln, die nach Trainingsbelastungen zu einer beschleunigten Wiederherstellung des Organismus beitragen können. Dabei wirken die verwendeten Maßnahmen grundsätzlich auf verschiedenen Ebenen:

- Unterstützung ***biomechanischer Prozesse,*** die zum Beispiel den Stoffwechsel des Organismus unterstützen und die allgemeine sowie lokale Durchblutung fördern.
- ***Psychoregulative Regelung*** des zentralen und des peripheren Nervensystems, inklusive positiver Auswirkungen auf den Tonus von Muskulatur und Gefäßen.
- ***Immunologische Reaktion*** mit einer Stärkung der Abwehrkräfte des Organismus.
- ***Energetische Optimierung*** durch die Auffüllung der körpereigenen Energiespeicher.

Für die Unterstützung der Erholungsprozesse können Mittel und Maßnahmen aus unterschiedlichsten Bereichen genutzt werden. Grundsätzlich unterscheiden wir in aktive und passive Regenerationsmaßnahmen.

Aktive Regenerationsmaßnahmen	Passive Regenerationsmaßnahmen
• Trainingsplanung • psychologische Methoden (Entspannungsmethoden) • Trainingsmethodik • Ernährung • ….	• Schlaf • Physiotherapie • Wärmeanwendungen • Kälteanwendungen • Elektrische Muskelstimulation • ….

Tab.: Maßnahmen der Regeneration

Der gezielte Einsatz der verschiedenen Maßnahmen muss optimal in den Trainings- und Wettkampfablauf eingeplant werden. Dabei gibt es unterschiedliche Prioritäten zu beachten. Einen groben Überblick zeigt die folgende Tabelle.

Wiederherstellungsphase	Primäre Sportmedizinische Ziele	Trainingsmaßnahmen	Ernährungsmaßnahmen	Passive Maßnahmen
Frühe Phase (Stunden)	Ausgleich des Flüssigkeitsdefizits, Auffüllung der Energiespeicher	Kompensationstraining (10-20min), Einsatz einer Hartschaumrolle	Flüssigkeits- und Elektrolytaufnahme, Kohlenhydrat- und Aminosäurenzufuhr	Physiotherapeutische Maßnahmen, psychische Entspannung, Wechselduschen, Kneippanwendungen
Mittlere Phase (1. bis 3.Tag)	Begrenzung der muskulären Struktur- und Funktionsstörungen, Vorbereitung muskulärer Wiederbelastbarkeit	Kompensationstraining (30-60min), Einsatz einer Hartschaumrolle, Dehnübungen	kohlenhydrat- und eiweissreiche Kost, Supplementierung von Aminosäuren, Vitaminen und Mineralstoffen	Physiotherapeutische Maßnahmen, psychische Entspannung, Wechselduschen, Kneippanwendungen, Sauna, Schlaf, EMS
Späte Phase (4.Tag bis Wochen)	Bewältigung muskulärer Störungen, Wiederaufnahme des Leistungstrainings	Aerobes Training, Wiederaufnahme widerstandsbetonten Trainings	Belastungsadäquate vollwertige Sportlerernährung	Entsprechend der mittleren Phase

Tab: Regenerationsplanung nach intensiven Trainings-/Wettkampfphasen

Literatur & Internet

Literatur

Allen/Coggan: Wattmessung im Radsport. Spomedis-verlag, Hamburg 2012

Banister E.W., Carter J.B., Zarkadas P.C.: Training theory and taper: validation in triathlon. Eur J Appl Physiol Occup Physiol 79: 182-191, 1999

Bassett,D.R.jr, Howley,E.T.: Maximal oxygen uptake: „classical" versus „contemporary" viewpoints. Medicien and Science in Sports and Exercise. 29/1997

Berbalk/Neumann: Ausgewählte Ergebisse der komplexen Leistungs-diagnostik im Triathlon. 18. Triathlon-Symposium; Leipzig 2003

Bompa, O.Tudor; Haff, Gregory: Periodization, Fitth Edition. Human Kinetics; Champaign, USA 2009

Bosquet, L., Leger, L, Legros, P.: Methods to determine aerobic endurance. Sports Med 32: 675-700. 2002

Bossmann, Thomas: Übertrainingsforschung – Ein Problemorientierter Rück- und Ausblick. In: Leistungssport 6/2012. phillipka-Sportverlag, Münster 2012

Brings, Johanna: Leistungsdiagnostik, Seminarunterlagen. Deutsche Trainer Akademie 2007

Coyle, E.F.: Integration of the physiological factors determining endurance performance ability. Exercise and Sport Science Reviews 23. 1995

Dörr, Christian: Untersuchung der Validität unterschiedlicher Laktat-schwellenkonzepte an Ausdauersportler. Dissertation, Universität Gießen 2010

Eifler: Herzensangelegenheiten. In: tour 2/2002. Delius-Klasing Verlag; München 2002

Esteve-Lanao et al. (2007): Impact of training intensity distribution on per-formance in endurance athletes. Journal of Strength Conditining Research 21, 943-

949

Föhrenbach: Leistungsdiagnostik, Trainingsanalyse und -steuerung im Triathlon. In: Leistungssport 3/1990. phillipka- Sportverlag; Münster 1990

Friedrich, W.; Möller, H.:Zum Problem der Superkompensation. In: Leistungssport 5/1999. phillipka- Sportverlag; Münster 1999

Friedrich, Wolfgang: Optimale Regeneration im Sport. Spitta-verlag, Balingen 2011

Friel, Joe: Die Trainingsbibel für Triathleten. Covadonga Verlag; Bielefeld 2007

Friel, Joe: Your best Triathlon. Velopress-Verlag. Boulder, Colorado 2010

Friel, Joe; Byrn, Gordon: Going Long, Triathlontraining für die Langdistanz. Covadonga-Verlag, Bielefeld 2011

Fröhlich/Schmidtbleicher/Emrich: Outcome-Effekte verschiedener Periodisierungsmodelle im Krafttraining. In: Deutsche Zeitschrift für Sportmedizin 10/2009. Süddeutscher Verlag; München 2009

Gimbel, Alexander: Entwicklung eines Verfahrens zur laktatgestützten Leistungsdiagnostik. Diplomarbeit. Uni Bayreuth 2005

Güllich, Dr. Arne: Sport. Das Lehrbuch für das Sportstudium. Springer Verlag; Berlin 2013

Grosser/Starischka/Zimmermann: Das neue Konditionstraining. Blv-Verlag; München 2001

Haber: Leitfaden zur medizinischen Trainingsberatung. Springer Verlag; Wien 2001

Heck, H. / Schulz H., Methoden der anaeroben Leistungsdiagnostik. In Deutsche Zeitschrift für Sportmedizin 7+8/2002. Süddeutscher Verlag; München 2002

Heinrichs, Mario: Die Spiroergometrie als apparative Labordiagnostik. Semesterarbeit. Uni Leipzig 2004

Hill, et.al: Muscular exercise, lactat acid, and the supply and utilization of oxygen. Parts I-VI. Proceedings of the Royal Society of London. Series B, 1924

Hollmann/Strüder/Predel/Tagarakis: Spiroergometrie. Schattauer-Verlag; Stuttgart 2006

Hoppeler, et. al.: Trainingsintensitätskonzepte im Ausdauerbereich. Trainer Enquete; Bregenz 2007

Hoppeler, et al: Hochintensives Intervall Training - Schock-Mikrozyklen. SHPL –

Institut für Anatomie der Universität Bern; Schweiz, 2008

Hoppeler, et al: Hochintensives Intervall Training - Trainings-steuerung. SHPL – Institut für Anatomie der Universität Bern; Schweiz, 2008

Hottenrott, K & Neumann, G.: Ist das Superkompensationsmodell noch aktuell? In Leistungssport 2/2010. phillipka- Sportverlag; Münster 2010

Hottenrott, K & Neumann, G.: Trainingswissenschaft. Meyer & Meyer Verlag; Aachen 2010

Issurin, Vladimir; Lustig, Gilad: Klassifikation, Dauer und praktische Komponente der Resteffekte von Training. In: Leistungssport 3/2004. phillipka- Sportverlag; Münster 2004

Issurin, Vladimir; Lustig, Gilad: Zusammenstellung von Trainingseinheiten gemäß dem Konzept der Blockperiodisierung. In: Leistungssport 3/2007. phillipka- Sportverlag; Münster 2007

Issurin, Vladimir: Akute und unmittelbare Trainingseffekte: allgemeine Konzepte und praktische Anwendungen. In: Leistungssport 5/2008. phillipka- Sportverlag; Münster 2007

Issurin, Vladimir: Block Periodization. Ultimate Athlete Concepts; Michigan, USA 2008

Issurin, Vladimir: New Horizons for the Methodology and Physiology of Training Periodization. Elite Sport Department, Wingate Institute, Netanya, Israel 2010

Kindermann: Anaerobe Schwelle. In Deutsche Zeitschrift für Sportmedizin 6/2004. Süddeutscher Verlag; München 2004

Knöller: Trainingsanalyse im Ausdauersport. Czwalina-Verlag; Hamburg 1997

Laursen,P.B; Jenkins,D:G.: The scientific basis for high-intensity interval training: Optimising training programmes and maximising performance in highly trained endurence athletes. Sports Medicine 32(1): 53-73.

Lüning, Holger: Blocktraining – konzentrierte Aktion. In Triathlon 2/2011. spomedis-Verlag, Hamburg 2011

Lüning, Holger: Blocktraining – Planänderung. In Triathlon 3/2011. spomedis-Verlag, Hamburg 2011

Madsen/Reischle/Rudolp/Wilke: Wege zum Topschwimmer. Band3 Hochleistungstraining. Hofmann-Verlag. Schorndorf 2014

Marschall/Sieberger: Trainingseffekte im Kraftausdauertraining. In Leistungssport

4/2003. phillipka- Sportverlag; Münster 2003

Matwejew, L: Grundlagen des sportlichen Trainings. Sportverlag, Berlin 1981

Matwejew, L: Die Periodisierung des sportlichen Trainings. In: Leistungs-sport 6/1972. phillipka- Sportverlag; Münster 1972

Neumann/Pfützner/Berbalk: Optimiertes Ausdauertraining. Meyer & Meyer Verlag; Aachen 2007

Neuman, Georg: Physiologische Grundlagen von Spitzenleistungen. 26. Internationales Triathlon Symposium Niedernberg. Feldhaus-Verlag, Hamburg 2012

Platonov, Vladimir: Belastung – Ermüdung-Leistung; philippka Sportverlag; Münster 1999

Platonov, Vladimir: Warum die Superkompensation nicht die Grundlage der Strukturierung des Trainings sein kann. In: Leistungssport 6/12008. phillipka- Sportverlag; Münster 2008

Popov, Yevgen: Periodisierungsmodelle im Hochleistunmgssport unter besonderer Berücksichtigung der Blockperiodisierung. Masterarbeit. Grin-Verlag; Norderstedt 2012

Pyne, D.B.; Touretski, G: An analysis of the training of Olympic Sprint Champion Alexandre Popov. In Australian Swim Coach, 1993

Regeneration speziel. In tour 8/2012. Delius-Klasing Verlag, München 2012,

Retzlaf, Kristin: Schwellenkonzepte der anaeroben Laktatschwelle in Ausdauersportarten. Semesterarbeit; Uni Magdeburg 2003

Ruep, Manuel: Analyse der Belastungsplanung im Jahrestrainingsplan -Sportart Triathlon-. Magisterarbeit, Universität Heidelberg 2007

Schmidt, Lisa: Füße hoch! In triathlon 7/2011. spomedis-Verlag, Hamburg 2011

Schnabel/Harre/Krug/Borde: Trainingswissenschaft: Leistung-Training-Wettkampf. Sportverlag, Berlin 2003

Schurr, Stefan: Hochintensives Intervalltraining im Ausdauersport, Books on Demand, Norderstedt 2011

Schurr, Stefan: Regeneration für Sportler, Books on Demand, Norderstedt 2012

Seiler Ks., Kjerland Go.: Quantifying training intensity distribution in elite endurance athletes: is there evidence for a „optimal“ distribution? In: Scandinavian Journal of Medicine and Science in Sports 16, 49-56. 2006.

Simon, Mendoza: Effizienz und Ökonomie im Mittel- und Langstrecken-lauf. In: Leistungssport 4/1998. phillipka- Sportverlag; Münster 1998

SOMC: Leistungsdiagnostik Ausdauer. Swiss Olympic Medical Center; 2001

Tabata I. et. al. (1996). "Effects of moderate-intensity endurance and high-intensity intermittent training on anaerobic capacity and VO2max". *Med Sci Sports Exerc.* 28 (10): 1327–30

Vogt/Breil/Weber/Hoppeler: Intervalltraining zur Verbesserung der VO_{2max}. SHPL – Institut Anatomie der Universität Bern; Schweiz 2005

Vogt/Brügger/Schütz/Wehrlin/Umberg/Aeschlimann/Matter/Bürgi: Physiologische Trainingsintensitätszonen. Fachgruppe Ausdauer Swiss Olympic; Maggingen Schweiz 2005

Wahl et al.: Thesen zum High Intensity Training. Deutsche Sporthoch-schule; Köln 2009

Wagner, A; Mühlendorf, S; Sandig, D: Krafttraining im Radsport. Elsevier Verlag; München 2010

Weinberger, Stefanie: Hart, aber schmerzlich. In tour 1/2011. Delius-Klasing Verlag; München 2011

Weineck, J: Optimales Training. Spitta-Verlag, Balingen 2010

Zarkadas, P.C., Carter, J.B., Banister, E.W.:Modelling the effect of taper on performance. Adv Exp Med Biol 393: 179-186. 1995

Zatisorsky, Vladimir: Sciene and Practice of Strenght Training. Champaign, USA 1995

Zintl/Eisenhut: Ausdauertraining. BLV-Verlag; München 2005

Internet

http://www.dissertationen.de

http://www.fitness.com

http://www.leistungssport.net

http://www.sponet.de

http://www.sfsn.ethz.ch

http://www.triathlon-szene.de

http://www.youtube.de

http://www.zeitschrift-sportmedizin.de